一心不乱

埼玉を変えた闘将の45年間

本多利治
春日部共栄高校

ベースボール・マガジン社

はじめに

誰から言われたのかはもうすっかり忘れてしまったのだが、私が指導者になってまだ駆け出しだった頃、こんな言葉を掛けられたことがある。

「人生は瞬きと一緒。一瞬で終わる。だから一日一日を悔いの残らないようにやってください ね」

当時は若かったので「この人は何を言っているんだろう」と思い、正直、意味がまったく分からなかった。だが、今ならその気持ちがとてもよく分かる。年齢は67歳となり、指導者人生を歩んで45年。これまで実にさまざまなことを経験させてもらってきたが、過ぎてしまえば何もかも本当に一瞬だった。

高知県に生まれ育ち、小学生のときに「(私立)高知高校で野球がしたい」という憧れを抱いたことから私の野球人生はスタートした。中学生になると「将来は高校野球の指導者になりたい」と思うようになり、高知高校ではキャプテンを務めて甲子園に3度出場。3年春のセンバツでは日本一を達成することができた。日本体育大学でもキャプテンを務め、ちょうど最終学年のタイミングで「埼玉県春日部市に新しくできる私立校で野球部の監督を探している」という話があって埼玉の地へ。そして春日部共栄高校の監督として45年間、高校野球に携わることができた。教え子は約1600人。その一人ひとりから多くのことを学んできたし、いつも目の前に選手がいたからこそ、私はここまで情熱を持って続けることができたのだと思っている。

2024年3月、私は翌年の3月いっぱいで監督を退任することを表明した。そこからの1年間は本当に「悔いのないように最後までやり切ろう」と思い、もちろんいつもと同じように選手たちとしっかり向き合いながら、一日一日を全力で過ごしてきた。45年間では一度も手を抜くことなくやり切ったし、自分の中で立ててきたさまざまな目標も達成できた。だから、間違いなく「悔いはない」と言い切れる。

そんな私の人生を振り返りながら、これまでずっと大事にしてきた指導方針や考え方、選手たちやチームへの想いなどをすべて正直に綴ったのが本書だ。あくまでも私のやり方であって、人それぞれに違う道があるので、決して真似をする必要はない。ただ、私の想いが少しでも伝われば嬉しいし、そこから何かを感じ取ってもらえるのであればすごくありがたいと思っている。

目次

第2章
学生時代

第3章
自主自律

第4章 文武両道

第5章 人材育成

［協力］
春日部共栄高校野球部

［装丁］
金井久幸（TwoThree）

［本文デザイン］
横山みさと（TwoThree）

［カバー写真］
桜井ひとし

［本文写真］
BBM、桜井ひとし

［構成］
中里浩章

第1章

指導方針

新設校で指揮を執って45年
指導者人生を長く続けられた理由

1980年4月。私は大学卒業と同時に開校1年目の春日部共栄高等学校へ赴任し、22歳でいきなり野球部の監督となった。そこから67歳を迎えた現在までは、本当にあっという間だった。とにかく毎日が駆け足で過ぎていった印象だ。

新設校とともにずっと歩み続け、1つの学校で45年。指導者として、こんなにも恵まれていることはないと思う。そもそも公立校の教職員の場合だと、どこかのタイミングで間違いなく人事異動があるはず。また同じ私立校であっても、新卒採用から定年後までずっと同じチームの指揮を執り続けるというのは、全国的にもあまり聞いたことがない。

これだけ長く続けて来られたのはなぜか。正確な理由は私にもよく分からないが、1つ良かったなと思うのは、私の考え方と学校の考え方が同じ方向性だったことだ。

野球部の戦績という部分だけで見ると、春日部共栄はこれまで甲子園に8回出場している。ただ、そのうち5回は私が30代だった1997年までの話。そこから先は40代で1回、

50代で1回、60代で1回。何となく全国の高校野球ファンから忘れられそうになったところでポンッと出てはいるものの、2000年代以降はなかなか思い通りに勝ち上がれておらず、戦力的にも決して毎年のように甲子園出場を狙えるようなチームになっているわけではない。

一方で、埼玉県内では春日部共栄に対して「進学校」というイメージが定着している。特に甲子園へ5回出場した1990年代などは学校もどんどん活気づいており、ちょうど入試の偏差値をグッと上げていった時期。野球部への入部希望者にも学力が求められるようになり、当然、野球の能力に特化した選手は集まりにくくなっていった。

だが、私はそれで良いと思っている。チームとしてはもちろん甲子園を目指すのだが、野球だけが強い〝野球学校〟ではなく、多くの子どもたちが目指すような文武両道の〝進学校〟にしたい。それこそ、私が開校当初から目標にしてきたものだったからだ。「文武両道」は今も春日部共栄が掲げているモットーだが、学校側にあえて寄せようとしたわけではない。私の中ではむしろ「学校の方針をこちらへ引っ張ってくる」くらいの気概を持って一緒に進んできたという感覚だ。

大学4年時の11月、春日部共栄の開校にあたって「野球部の指導者を探している」という話をいただいた。私が「この学校でやろう」と決めた理由は、面接に行って学校関係者と話をしたとき、3年とか5年とか10年とか期間を設けて「〇年計画で甲子園に行ってほしい」といった条件などがまったくなかったこと。それならばどっしりと腰を据えて指導し、自分の考え方で真っ白なキャンバスに色を塗ることができる。そう思ったのだ。

そして就任1年目から、選手たちには勉強に取り組む姿勢について何度もやかましく言い続けた。また、学校生活についても「クラスでどんどんリーダーシップを取っていけ」「お前たちが学校を引っ張っていくんだ」と伝えていった。

さらに指導を重ねて数年後。教え子たちが成人して一緒にお酒を飲んだとき、私は彼らから聞いたこんなエピソードに大きなショックを受けた。

「高校時代は周りの人に春日部共栄の野球部員だと知られるのが恥ずかしくて、〝KYOEI〟というロゴを見られないようにバッグを裏返しにしていました」

そこで、改めて強く思った。卒業生たちのためにも絶対に〝良い学校〟にして、胸を張って「春日部共栄出身です」と言えるようにしなければならない、と。

私が指導において当時から理想に掲げていたのは、子どもたちが自ら進んで考えながら取り組んでいく「自主性」を重んじるスタイルだ。ただ、本当に何もないところからのスタートだったので、まずは足元を固めなければならない。だから10年という期間を目安にし、「最初の10年でしっかりと土台を作って甲子園へ連れて行こう」「次の10年で時間を掛けて少しずつ自主性へ移行していこう」と考えた。

最初は全員一律で「強制」をした。

正直なところ、とりあえず人数を集めて始まったというのが開校時の状況だったため、学力レベルが低くて周囲からの評判も悪かった。敷地内には暴走族が来ることもあり、私たち教員がそれを捕まえて警察に通報。また校内にもヤンチャで大人を甘く見ている生徒は多く、髪を染めたり奇抜な髪形にしているのを見つけたらバリカンで刈る。生活指導は日常茶飯事だった。学校全体が荒れている環境なので、もちろん野球部員も目を離したら何をするか分からない子ばかり。だからまずは挨拶や返事、礼儀、身だしなみ、言葉遣い、整理整頓……そういったルールやマナーの部分を徹底的に叩き込んだ。

さらに、野球に関しても「俺が甲子園に連れて行ってやるから黙ってついてこい」というスタンスで、いわゆるスパルタ式の猛練習で鍛えていった。その成果が少しずつ表れて県大会でベスト8やベスト4へ勝ち上がるようになり、1988年秋に初優勝。ちょうど10期生が最高学年となった1991年には、春夏連続で甲子園出場を果たした。

強制から自主性への転換を図ったのはこの辺りだ。もともと「誰かにやらされる野球に進歩はない」とは思っていたのだが、そもそも初期のチームは選手に任せられるような状況ではなかった。しかし、だんだん結果が出始めると、選手たちの間にも「やればできるんだ」という気持ちが芽生え始めていく。昔は全体練習が終わると疲れ果ててみんなすぐに帰宅していたのが、1991年世代では多くの選手がグラウンドに残って個人練習を積むようになっていた。

また、2年後の1993年夏には甲子園準優勝。このときの2年生エースだった土肥義弘（現・西武ファーム投手総合コーチ）などは、自分で1週間の計画を立てて練習メニューを組めるほど意識が高かった。こちらからわざわざ「あれをやれ、これをやれ」と指示をしなくても大丈夫かどうか。そこをちゃんと見極めた上で、選手によっては個別に報告・連絡・相談をしながら「お前には全部任せたよ」という手法を取るようにもなった。

そして1997年の春夏連続出場以降、甲子園に行くペースは落ちたが、学校の偏差値がどんどん上がったことで入ってくる選手の質も変わってきた。自ら考えて行動できるタイプの子が増え、生活指導の面でも手が掛からなくなったのだ。

昔は「選手が何か問題を起こしてしまうのではないか」と心配になることが多く、できるだけグラウンドで見ていられるようにほぼ毎日、休みのないスケジュールで活動していた。だが「もう選手たちに任せても大丈夫だろう」と判断し、毎週月曜日は完全オフにして、年末年始などにもしっかりと休みを入れた。普段は朝練への参加も自由。各クールの課題や練習メニューなども選手たちに考えさせるようにした。

こうして少しずつ自主性へと移行していったわけだが、ありがたいことに学校側はこれまで、私の指導法について口出しを一切しなかった。春日部共栄は「自主自律（自主＝視野を広く持ち自主的に学びへ向かう力、自律＝自らを律し責任を持って思考・判断する力）」を校訓の1つとして掲げており、校歌にも「目指す理想は自主自律」という一節がある。やはり、方向性は私と同じ。そこが上手く噛み合っていたのだろう。

すべてを任せてくれていたのはおそらく、普段の生活や勉強における姿勢の部分にこだわり続けてきたからだと思う。どれだけ野球の上手い選手がいようと、学校生活や授業態度に問題があれば「野球部は何をしているんだ」ということになってしまう。一般の先生方や生徒たちからしっかりと認められ、「野球部、頑張れよ！」「甲子園に行ってくれ、頼むぞ！」といつも快く応援してもらえるかどうか。みんなから愛される野球部でなければ意味がない。私はずっとそう考えてきた。

実際、初めて甲子園出場を決めたときなどは学校関係者がとにかく嬉しさを爆発させていて、甲子園でもアルプススタンドから大応援団で背中を押してくれた。そして今もなお、多くの先生や生徒が選手たちを応援し、活躍を喜んでくれている。学校内にそういう雰囲気を作れたことが一番良かったと思っている。

「この学校に入りたい」という想いを重視 集まってきた選手たちを鍛えて戦う

みんなに愛される野球部であるのと同時に、地域に愛される学校にしたい。そんな想いで指導を続けてきた45年間は、チーム作りについてもいろいろなこだわりを持ってきた。そのうちの1つが、地元の子を大事にするということだ。

そもそも〝地域に愛される学校〟とはどんな存在か。私が思い描いていたのは、地元の小中学生から「ここに入りたい」と目標にされる学校。元を辿れば、私が野球を始めたのも小学生のときに「高知高校の野球部に入りたい」と思ったことがきっかけ。当時の私のように、特に小さな子どもたちにも憧れを抱かせるような学校にしたいと思った。

現代では当たり前となっている“選手の自主性”を重んじる指導を、昭和時代から強く打ち出していた

埼玉県の高校野球は東西南北の4地区に分かれており、私が指導者になったとき、春日部共栄がある東部地区ではまだ甲子園に出場したチームがなかった。また知り合いが誰もいない土地に来た私はまず、県内の中学校に足を運んで挨拶回りからスタートしたのだが、そこから主に東部地区を中心とした中学軟式の指導者との交流が始まった。彼らが教え子を私のもとへ預けてくれるようになったことも、チーム作りの面ではすごく大きかった。そして1991年春、東部地区のチームとして初めて甲子園出場。そこから人気が高まり、東部地区の小中学生たちからは「地元で野球をやるなら春日部共栄」と言ってもらえるようになった。

さらに1993年に野球部寮が完成し、学校とともに「文武両道」を掲げて進学にも力を入れるようになると、少し遠くからも選手が来るようになる。基本的には埼玉県内の選手だが、近年は千葉県や茨城県などの隣県からも入部するケースが出てきた。ただ、それも野球部強化によって人を集めたわけではない。自然と集まるようになったのだ。

チーム作りについて言うと、私は野球の能力が高い選手をバンバン集めるのではなく、「春日部共栄で野球がやりたい」という想いで集まってきた選手を鍛えていく、ということも心掛けてきた。

もちろん、人数が集まらなければチームは作れないので、中学生への声掛けはする。ただ私は現場に行かず、その役割を部長やコーチに任せてきた。なぜかと言うと、監督がわざわざ直接出向いてその親子に話をした場合、「試合で使ってもらえる」とか「特待生かもしれない」といった勘違いをさせてしまうから。結局、高校で試合に出られるかどうかは本人の努力次第。そこに「俺は監督に誘われたから来たのに使ってもらえない」といった言い訳が生まれるのが嫌なのだ。

一方、自分の意思で「春日部共栄で野球がやりたい」と入ってきた子は、自ら考えて努力しようとする。言われないとやらないとか、言われたことしかやらないとか、そういう人間にはなってほしくない。私は「野球を通して、自分の将来まで自分で考えてしっかりと行動できる人間を作っていきたい」という想いを抱いてきたのだ。そして、野球だけでなく勉強にもしっかりと取り組み、自分の考え方を持って生活する。そういうバランスの良い人間を作りたいな、と。

だから、野球が上手くても学校での成績が落ちてきたら必ず指摘し、生活面でだらしなさが見られたときは厳しく叱った。逆に、野球の実力がなくてもとにかく一生懸命に頑張っている選手などは、その姿勢を評価してベンチ入りさせたりもした。そういう考え方をしてきたからこそ、選手たちも野球が上手か下手かにかかわらず、毎日頑張ってくれたのではないかと思う。

幸いにも進学校になったことで、今では「春日部共栄に入ったら勉強もしっかりやらなければいけない」というイメージがある。選手たちも、その先の大学進学を見据えて入学してくるケースが大半。文武両道に対するモチベーションは高い。

私は、基本的に「大学というのは自分の力で勉強して行くところだ」と考えている。自身の現役時代を振り返っても、野球推薦を受けた経験はない。小学生時代には塾へ通って必死に勉強し、受験で中高一貫の高知中学へ。そのまま内部進学で高知高校へ上がって3年春のセンバツでは日本一を経験したが、「体育科の教員免許を取って指導者になりたい」という想いで選択した日本体育大学には一般入試で入った。もちろん、野球の実力だけで進路を決めることも決して悪いことではない。だが、その先で成功するかどうかは自分次第になるわけだから、できるだけ自分の学力に見合ったところへ行ったほうが良いのではないか。

実を言うと、思うように結果が出なくなった時期には「今までの感覚を変えたほうが良いのかもしれない」とだいぶ悩んだこともある。野球が上手い選手に積極的に声を掛けて引っ張ってこないと勝てないのだろうか……。いやいや、そのやり方では自分が自分じゃなくなってしまうぞ……。そんな葛藤もありながら、「入ってきた選手を鍛えて戦う」という信念は最後まで曲げずに貫いた。

「甲子園に出たからと言って偉ぶるな」

「監督である前に教師であれ」

そういう言葉を作り、自分に何度も言い聞かせてきた。

おそらく〝野球学校〟にしようと思えばできたのかもしれない。特に初代校長などはかなりの野球好きだったため、「特待生をガンガン獲ってきて強化したほうが良いんじゃないか」と提案されたこともある。ただ、私はそこで「校長先生、それは違います。他のクラブの監督のやる気がなくなりますよ。教職員の前であんまり野球、野球って言わないでくださいね」と言って固辞した。開校当時、私を含めた教職員は若者ばかり。みんなで集まっては「絶対に進学校にするぞ」という話をずっとしてきたからこそ、野球部だけを特別扱いしてほしくはなかったのだ。

たとえば練習見学に来た親子などにも、必ず「ウチは野球学校じゃないので、野球だけやりたかったら別の学校へ行ってくださいね」と伝えてきた。「〇〇高校と〇〇高校で迷っています」と言ってきたら「じゃあそっちへ行きなさい」。当然、そのこだわりによって大きな魚を逃したことも多い。ずっと「春日部共栄に行きたい」と言ってくれていた選手に対してこちらが一向に「特待生です」と言わないため、結局は他の強豪校に野球推薦で入学し、甲子園にも出てその後にプロ入り。そんなケースも何度かあった。

ただ、それでもまったく問題ないと思っている。選手やその家族にも事情があるだろうから仕方のないことだし、私たちは私たちでそのことを悔やむのではなく、目の前にいる選手たちを鍛えて勝てば良い。それで負けたとしても決して選手のせいではなく、監督にそのチームを育成する力がなかったというだけの話だ。

さまざまな選択肢の中で実際に春日部共栄へ来てくれた選手たちには、こんな言葉を掛けている。

「これは単なる出会いじゃないんだよ。ウチを選んだということは、お前たちの人生の中では、俺と会うようにできていたんだ。これは運命だ。俺はそういうふうに思っているぞ」

選手たちにとっては、自分が「入りたい」と思った学校で野球ができるほうが幸せだし、苦しいときにも頑張れるはずだ。そして、負けたところで人生が終わるわけでもない。その後の人生のほうが間違いなく長いわけで、だからこそ高校3年間、学校やグラウンドで多くのことを学んでほしいなと。私はそういうこだわりを持ってチーム作りをしてきた。そこに後悔はまったくない。

試合に出られない選手の気持ちも考え全員に目を配って必ずチャンスを与える

昨年、春日部共栄の1期生たちが集まって私を囲む会を開いてくれた。開校当時、彼らは15歳。現在は還暦を迎えており、すっかり変わった容姿を見て「ずいぶん長く指導してきたんだなぁ」と45年の歳月を改めて実感した。

そんな彼らが高校野球を終えた1982年夏から、私が最後までずっと続けてきたことがある。引退した3年生に対して高校野球人生を振り返る感想文を書かせ、さらに自分の進路はどう考えているのか、新チームのキャプテンは誰が良いと思うか、その理由は何か、といったアンケートも取るようにしてきたのだ。

最初の感想文には1人だけ、こんなことを書いていた選手がいた。

「1回でいいから試合用のユニフォームを着て試合に出たかった」

それを見たとき、私は「本当に申し訳ないことをしたなぁ……」と深く反省した。自分の中では気を遣って練習試合でいろいろな選手を起用していたつもりだったが、3年間ずっと見逃していたのだ。1期生は入部希望者が100人を超える中、毎日厳しい練習を課して最終的に残ったのは28人。もちろん大会で全員ベンチ入りすることはできないし、勝負の世界だから仕方がないことなのかもしれないが、あの一文は私の心にずっと残っていた。数十年後、1期生の飲み会に参加したとき、私が本人に謝ると彼は泣いていた。まさかそのことを監督がずっと覚えているとは思わなかったのだろう。

私は2期生以降、練習試合ではAチーム、Bチーム、Cチーム……と複数のチームを作った。そして、どれだけ人数が多くても全員が必ず1回は試合用ユニフォームを着て練習試合に出る、ということを徹底した。もしかしたら言わないだけで、1期生の中には他にも試合を経験できなかった選手がいるのかもしれない。その中で1人が悔しい想いをハッキリと書いてくれたおかげで、私はそこから全員にしっかり目を配るという指導を強く心掛けるようになった。

なぜそこにこだわるのかと言うと、野球が上手いとか下手だとかは関係なく、全員に最後まで頑張らせたい。諦めてほしくないという想いが強いからだ。

監督となった初期、保護者からは「監督は（選手として）エリートだから控え選手の気持ちが分からない」などと言われたりもした。実際にはそんなわけないのだが「あぁ、そうやって見られてしまうのか」と、ものすごく悔しかったのを覚えている。

私がいつも気になるのは、試合に出られない控え選手やベンチを外れた選手のことだ。結果が出なくて下を向いているレギュラー選手がいたら、「出たくても出られないヤツが何人いると思っているんだ」と厳しく叱ってきた。また逆に「俺はメンバー外だから関係ないや」という態度の選手がいたら、やはり厳しく叱った。何か壁に当たったとき、すぐに諦めたり言い訳をしたりする癖が付いていると、社会に出てもそういう人間になってしまうのではないか。私はそう思う。

部員数は毎年のように3学年で100人を超えるため、毎日全員に声を掛けることはさすがにできないが、気を配ってあげることはできる。選手に「あぁ、俺のことは見てくれていないんだな」と思わせてしまうのではなく、本人の頑張り次第で上に行ける可能性があるという環境だけは作ってあげたい。だから練習試合では全員にチャンスを与えるし、秋から春までの練習は基本的に全員でバッティング、全員でノック、全員で紅白戦。班分けをして交代でメニューをこなしながら、下の班で頑張っている選手は上の班へ。そういう入れ替え作業を40年以上もずっと続けてきたのだ。

私はとにかく「頑張っている選手の見落としは絶対にしたくない」と考えてきた。そうやって全員に諦めさせないようにしてきたからこそ、夏の県大会のメンバー発表の日は一年間で最も苦痛だった。3年生に対してはそこでベンチ入りの可能性を断つわけで、グラウンドに向かうときは「ついに今日伝えなきゃいけないのか……」と憂鬱になる。

私たちは選手間投票などをせず、私と部長とコーチ3名で話し合って決めるようにしてきた。選手たちも自分のことで精一杯。チーム状況や周りの選手を冷静に見ながら練習できているかと言うと、なかなか難しいだろう。したがって、普段から見ている大人が責任を持って決めてあげたほうが良いのではないかと考えていた。

大会が近付いてくればもちろん、少しずつベンチ入りメンバー20人の形はできてくるものだが、大体15〜16人はスパッと決まり、残る4〜5人の枠でものすごく悩む。直近の練習試合で調子が上がっている選手もいれば、それまでは良かったけれども夏の直前になって少し調子を落としているという選手もいる。大会に入ればまた調子の波が変わることもあるわけで、そこをどう判断するのか。実際のところ、1試合で20人をフルに使うことはない。ケガなどの不測の事態に対応するために1人は最後までベンチに残しておくので、最大でも19人。ただ、ベンチ入りというのは選手たちにとって大きな目標の1つ。最後の1人まできっちりと決めてあげなければ、指導者としては失格だと思っている。

ベンチ外になってしまった選手はみな「悔いはありません」と言うが、もちろん悔いはあるはずだ。それでも年間を通してギリギリまで全員にチャンスを与えているから、最後は「仕方ない」と受け入れてくれる。さらに素晴らしいなと思うのは、特に近年はベンチ外が決まった3年生が率先して練習のサポートに回ってくれること。私が何かを言うわけでもないのだが、自ら「最後はチームのために」と打撃投手や打撃捕手を務めたり、ノックを打ったりしている。

彼らにも何か思い出を残したいと考え、県内屈指の強豪である浦和学院高校との「3年生引退試合」も毎年開催してきた。当時の森士監督に話をすると「ぜひやりましょう」と乗ってきてくれて、そこから20年以上。当日は選手も保護者もすごく盛り上がり、チームにとって大きなイベントとなっている。

基本的なスタンスとして「全員を同じように見ていく」ということはずっと貫いてきた。たまには中学時代に有名だった選手も入部したりするが、過去の実績などは何も関係ない。私の方針は「今頑張っているヤツを使う」。だからみんな一生懸命に取り組んでいたし、

〝今〟を見てしっかりと評価をしてあげるのが指導者の役目だと私は思っている。

そういう日々を過ごし、感想文は毎年欠かさずに全部チェックした。それによって誰がどういう考えで過ごしてきたのか、全員の想いをしっかりと感じることができる。そして「あぁ、この子にはこういう想いをさせていたのか」「この子にはもっとこういうアプローチをしてあげれば良かったのかな」と、私自身の指導の振り返りにもつながる。本当に子どもたち一人ひとりに成長させてもらってきたのだなと思う。

選手には「偉ぶるな」「不貞腐れるな」何があっても常に今を全力で頑張ること

指導者人生を長く続けてきたことで、私の教え子は約1600人に上るという。その一人ひとりとしっかり向き合ってきたことが財産であり、彼らは私にとっての宝だと思っている。

私がブレずにずっと言い続けてきたこと。それは「偉ぶるな」だ。

野球が上手いからと言って、決して偉いわけでも何でもない。特に進学校になる前の時期などは勘違いして入ってくる選手もいたので、まずはその鼻をポキッとへし折った。高校野球というのは、1人の選手を育てて大学やプロへ送り出すためにやっているわけではない。あくまでもチームとして戦うものだ。だから「チームの中の1人の選手としてお前がいるだけなんだよ。周りをよく見て、人のためにという想いでやりなさい。だって自分の調子が悪いとき、仲間が支えてくれなかったらどうにもならないだろう?」。そんな言い方で諭してきた。

野球というのは、チームで戦うことの意味を教えるのにすごく良いスポーツだと思う。自分はノーヒットでも周りが打てば勝つことができるし、自分がエラーをしても周りがカバーして取り返せばやはり勝つことができる。そもそも、他の球技の場合はボールがどこかに到達したり通過したりすることで得点になるが、野球は人間が1つずつベースを回ってホームインすることで得点になる。カギを握っているのは〝ボール〟ではなく〝人〟。まさに人生そのものを表していると思う。

大事なものは人間性。そこは何度もやかましく言ってきたつもりだ。

昨年、横浜DeNAベイスターズがプロ野球で日本一になった。教え子で一軍オフェンスチーフコーチを務めた靍岡賢二郎に「優勝おめでとう。偉ぶることなく、感謝の気持ちを忘れずにこれからも頑張りなさい」とＬＩＮＥを送ると、すぐに返信が来て「ありがとうございます。これからも感謝の気持ちを忘れずにやります」。そんな言葉を見ると、私の想いがしっかり伝わっているのかなと感じて嬉しくなる。

さらに、選手たちには「不貞腐れるな」とも言い続けてきた。

物事が上手くいかないときに不貞腐れていたら、そこからはもう伸びない。「俺はちゃんとやっているのに……」と言い訳をしてだんだん人のせいにするようになり、次に向かっていくための思考や行動がストップするからだ。

私はよくこんな話をしてきた。

「人の意見っていうのはそれぞれ違うんだ。1人の人間に対する評価だって、100人いれば100人違う。そんなものをいちいち気にしていたら自分がなくなるぞ。だから人の言葉だとか人の行動に振り回されるな。周りからの評価にとらわれず、自分をちゃんと持て。何があっても常に『もっと頑張る』。そう思ったほうが良いよ、人生は」

野球をしているときはもちろんだが、この考え方はいずれ社会へ出たときにも生きる。

私たち大人も人間だから決して完璧ではなく、もしかしたらどこかで間違って指摘してしまっているケースがあるかもしれない。ただ、じゃあたとえば「今日は頑張った」と思っていたのに大人から「取り組みが甘い」と叱られたとき、そのまま不貞腐れてしまうのか、それとも「よし、分かった。もっと頑張ってやろう」と思うのか。逆に「あまり頑張れなかった」と思っていたのに大人から「今日は良くやっているな」と褒められたとき、そのまま受け入れて有頂天になるのか、それとも「いやいや、もっと頑張らなきゃダメなんだ」と思うのか。いずれにしても「もっと頑張ろう」と思うから次につながるわけで、評価を受けようが受けまいがやることは一緒なのだ。重要なのは人の意見に対して一喜一憂せず、ブレない自分を持てるかどうかだと思う。

そして、とにかく今日一日を精一杯やること。その積み重ねの先に目標達成がある。よく「甲子園に近道はない」とも言われるが、自分の目標を掲げてそこへ到達するには、目の前のことに集中して階段を一歩ずつ上がっていくしかない。

ただし、辿り着き方は人それぞれ。だから誰かの真似をする必要はなく、あくまでも人は人、自分は自分だ。

たとえば全体練習が終わった後、自主練で「今日は素振りを100本やって帰ろう」。自分がそうやって決めたのであれば、他の選手が200本振っているからと言って「じゃあ、俺も200本振ろう」と変えるのはダメだと思っている。一方で「今日はちょっと疲れたから明日でいいや」というのも良くない。そういう選手に限って翌日も、さらには1か月後も1年後も「明日でいいや」と後回しにするのだ。

自分で決めたら、決めた通りにやること。本数は少なくても構わない。その代わり、絶対にやり遂げることが大事。選手たちにはそう伝えてきた。

「練習ありて自信あり、努力ありて成果あり」

これが春日部共栄高校野球部の部訓だ。

人生というのは、なかなか思い描いた通りにはならない。その先で自分がどうなるかなんて当然分からないのだから、先のことをどうにかしようと考えていても何も変わらない。また、失敗をいくら悔やんでも過去をやり直すことはできないわけで、終わったことをずっと考えていてもやはり何も変わらない。だからこそ〝今〟をどうするか。そのときそのときでしっかりと目標を持ち、今やっているものに全力で取り組んでいくということが一番大切だと思う。

合言葉は「明るく、楽しく、元気よく」
常にプラス思考で選手たちを前向きに

時代の変化にかかわらず、今も昔も失敗したときに言い訳をする子どもは多い。大抵の場合、大人から怒られたくないから先に言い訳をしようとするのだが、それは何の役にも立たない。

グラウンドにおいては、その言い訳が言葉ではなく行動に表れることもある。たとえば守備でエラーをした後にグラブを見てポンポンと叩きながら首を傾げたりしている選手がいる。自分の技術不足を素直に受け入れるのではなく、道具のせいにする。私はその仕草が大嫌いだった。

「おい、今のミスはグラブのせいか？　じゃあグラブを外せ」

そう言って練習では時々、素手でボールを捕らせたりもした。

また自分の打席で凡退した後、守備位置に就きながらバッティングの仕草をしている選手もよくいる。これも大嫌い。

「え？　お前、もう守りの時間だろう。何でそんなことやってんの？」

案の定、守備に集中できずにミスをしてしまう。そして守備で失敗すると、今度はそれを引きずってバッティングにも悪影響が出る。逆に言うと、バッティングの調子が良いときは守備でも良いプレーが出たりする。良くも悪くも攻撃と守備がつながってしまっているというのは、高校生にはよくあるケースだ。

私はそういった心の弱さが出た瞬間を見逃さないようにしてきた。選手からするとそこを突かれるのが一番嫌なのだが、逆に言えば意識を変えるチャンスでもある。「こちらが指摘したときにこの子は何を言うのかな」という感覚で、あえてその言い訳も訊いた。下を向いてクヨクヨしながら話す子もいれば、次につながるような強い言葉を返してくる子もいて、その選手の本質がだんだん見えてくる。そういうことを日々繰り返しながら、考え方の部分を説いていった。

チームの合言葉として、私がいつも口にしていたのは「明るく、楽しく、元気よく」だ。失敗しても「はい、終わったことは仕方ないんだから切り替えよう！　次、次！」。そうやってとにかく何事もプラス思考に捉え、常に前を向いて戦ってほしいと願ってきた。

そして、考え方が変われば良い行動が生まれ、結果もどんどん伴っていく。そもそも野球というのは1球ずつ間が空く上に攻守交代などもあり、考える時間が与えられているスポーツ。その時間を使って頭の中を切り替え、目の前のことに集中できるかどうか。それが次のプレーにつながるのだ。簡単な言葉で表せば〝開き直り〟。最初からミスを怖がっているからチャレンジせず中途半端なプレーになるのであって、「ミスしても良いんだ」くらいの気持ちでやったほうが思い切ってプレーできる。スポーツでは能力も大事な要素になるが、最終的にはほとんどメンタルがモノを言う。そこに気付いて考え方が良くなった選手は、やはりグングン伸びていった。

メンタルというのは、野球が上手いかどうかは関係ない。だから私は、全員に対して同じように指導した。そして、全員でダメなものを「ダメだ」と言い合えるチームを目指した。ベンチ入りメンバーだけで声を出して指摘し合っているようでは、チームとは言えない。ベンチ外の選手であっても、レギュラーに対して「何をしているんだ。そんな姿勢でプレーしたらダメだろう」と厳しく言えるかどうか。選手一人ひとりにそういう責任感を求めた。

そこを我慢強く続けていると、高校時代にベンチ外だった子も社会に出て活躍してくれるのだ。やはり責任感がなければ「お前に任せた」とはならないし、仕事は頼まれない。そこから現在は指導者になっている教え子も多く、私はこだわってきて良かったなと思っている。

なお、責任感を持たせたいという想いは練習中だろうと試合中だろうと同じだ。たとえば公式戦であっても、明らかに勝利が見えているような試合状況に限り、レギュラー選手が気を抜いたプレーをしたときなどは途中で引っ込め、ベンチ裏のロッカールームで一人にして反省を促したりもした。私が許さなかったのはミスをした後に下を向いたり、いつまでも気持ちを切り替えられずに中途半端なプレーをしたり、消極的な姿勢を見せたりしたとき。100人以上の部員の中から代表として試合に出ているという責任があるのに、その行動は何だ、と。そうやって刺激を入れたりもしていた。

と、こうして選手の心の部分にいつも訴えかけてきたわけだが、接し方に関しては少しずつ変えてきた。

時代の流れとともに子どもたちの気質の変化を感じてきた中で、今の子について言うと特に「怒られることに弱い」という印象が強い。親の育て方も変わってきているから、当然と言えば当然だろう。普段から怒られることに慣れておらず、親が最初から子どもの動く範囲を決めて冒険をさせない時代。たとえば包丁などにしても、様子を見ながら子どもに触らせてちょっと痛い想いをすれば二度と触らなくなるのに、触る前から親が制御してしまう。だから、子どもは何も分からずにずっと包丁を触ろうとする。親の子離れができていないからこそ、子どもも親離れができていない。そして、自分で考えて行動することがなかなかできない。

その一方で、逆に「親や指導者に褒められたい」という想いが最も強い幼少期にむしろ一番怒られてきた経験があり、そこに対してずっと怖がる習慣がついているケースもあったりする。いずれにしても最初から怒られることを嫌がり、「中途半端にやって失敗するよりも思い切って失敗するほうが、先があるんだよ」と言っても、なかなか理解してもらえないことが増えた。

したがって、思い切ってチャレンジしたプレーに対しては絶対に怒らないこと。そこを決めておかなければ、選手たちは動かなくなってしまう。ただし、私はそんな中で「自分に負けるなよ」とも言い続けてきた。「人に負ける前に、お前たちは自分に負けているんだ。だから自分に腹を立てろ。そうすれば悔しくて自分から動くようになるだろう」と。

逆に今の子たちの良いところは人前に出てもあまり気を遣わず、物怖じせずに喋ることができるという部分だ。また自分で物事の意味を考えて理解しようとし、納得してから動いていく。今はその長所を伸ばし、短所が自然と消えていくような指導が求められているのだと思う。

だから私は近年、「監督と選手」という関係性を作りすぎないようにも心掛けた。昔の

「明るく、楽しく、元気よく」を合言葉に、選手一人ひとりには責任感も求めていった

ように監督に対して「怖い」というイメージが定着すると、今の子たちは「怒られるのではないか」と感じてパッと心を閉ざし、「はい」「いいえ」「すみません」しか言わなくなってしまう。それでは会話にならない。実際、入学して最初のうちは選手たちの顔つきも緊張している。そこで「俺に対して緊張するのはやめよう」とルールを決め、緊張している選手がいたらキャプテンに「おい、コイツは俺の前で緊張していたぞ」と笑いを交えながら告げ口。そして、和やかなムードの中でキャプテンが本人に「ダメじゃないか。それはやめようっていう話だろう」。そんな雰囲気を作るようにした。

もちろん、何かをやるときにはちゃんと説明するということも必要になる。昔は練習の意味などを説明しなくても選手たちが「とりあえず言われた通りにやろう」と取り組んでいたが、今はそのやり方では選手がついてこない。何の意味があってその練習をやるのか、納得させてから取り組ませたほうが効率は良い。

年々、私の言葉遣いも変わっていったし、選手に対して怒ることは本当に少なくなったと思う。ただ、彼らの人生を考えて「ここは絶対に怒らなければならない」というときもある。そのときは怒りっ放しではなく、必ず誰か別のスタッフがフォローを入れるということも忘れなかった。〇〇ハラスメントという言葉が流行し、世の中の風潮として怒ること自体が敬遠されがちだが、お互いに感情をぶつけ合うことで生まれてくるものもあるし、すごく大事なことだと思う。

ともかく、子どもというのはまだまだ経験不足なのだから、「変えろ」と言ってもなかなか難しい。だから、さまざまな経験を積んできた大人が対応を考え、変わっていくしかない。そして、今の子に合った指導を見つけていくことが大切。私はそう思っている。

自分というものをしっかりと持つ考え方がブレないことの大切さ

一心不乱。私はこの言葉が高校時代からなぜか大好きだった。

何にも心を乱されることなく、とにかくブレずに集中して1つのことをやり続ける。今思えば、私の人生にも通じる部分があったのかもしれない。

人間形成において私に影響を与えた人というのは何人かいる。ただ、私は基本的に誰かの影響を受けて考え方を変えるタイプではない。いろいろな人から学んだことを参考にはするが、そのまま真似をするというのは大嫌い。なぜなら、誰かの真似では間違いなくその人を超えることができないからだ。

もちろん、子どもたちがプロ野球選手のモノマネをしながら技術を作っていくとか、そういう手法は良いと思う。しかし、指導においては常に自分というものを持ち、自分で考えて必要なタイミングで新しいことを採り入れてきたつもりだ。何をやるにしてもスタートは春日部共栄。同じ取り組みをしているチームを見ても、「ウチの真似をしているだけじゃん」という想いは強かった。

余談だが、ユニフォームや帽子は母校の高知高校のデザインを参考にさせてもらった。向こうがエンジの文字に銀のフチ取りだったので、私は「母校を超えたい」という想いからエンジの文字に金のフチ取りへとアレンジ。すると、しばらくして母校も金ブチに変更してきた。細かいことではあるが、春日部共栄が先なんだというこだわりはここにもある。

さて、私は中学時代に野球を始めているが、中学・高校・大学の現役10年間で野球の技術を習ったことは一度もない。だから技術については、すべて自分で引き出しを広げてきた。ただ、先ほども述べたように新設校で何もないところからのスタートだったので、最初に取り組んだのはとにかくキャッチボール、ボール回し、ノックといった基礎的なメニューの反復練習だ。生活面の指導も含め、とにかくできるまで徹底的にやらせた。当時の選手たちからすればかなり苦しかったと思う。「あの監督はおかしい」とか「本物の鬼だ」という噂も立ったほどだが、私はそれでも妥協しなかった。

高知県へ遠征に行って母校と練習試合をさせてもらったとき、監督の岡本道雄先生からは「お前の（要求する）レベルに選手がついてこれていないんだ。もっと下げてみろ」と言われた。だが、そんな恩師のアドバイスもあえてスルーした。高知高校はもともと伝統校だから、すでに土台ができているところへ選手が入ってくるという環境だが、春日部共栄の場合はここから伝統を作っていかなければならないのだ。そのためにも特に最初の数年は肝心で、1つ妥協したら選手たちも「あぁ、これでいいんだな」ということになり、だんだん2つ3つと妥協するようになる。だから、どれだけ力がなくても「このレベルになるんだ」という基準は絶対に下げなかった。

結果的にもそうやって野球のレベルを引き上げて勝てるようになったわけだが、やはり自分というものをしっかり持つことはすごく大事だ。あそこでこだわりを持って貫き通していなければ、おそらくその後もあちこちへ指導方針がフラフラして〝本多利治〟という人間ではなくなっていただろう。

現在は科学的な分野も進歩しており、野球そのものを学問として勉強している指導者も多いと思うが、私はそういうタイプではなかった。グラウンドで常に選手たちを見ながら「この子にはこうしたほうが良いかな」と考え、どちらかと言うと人間が持つ本能的な感覚でいろいろなものを感じ取っていく。メンタルトレーニングだけは勉強したが、多くのことは現場で学んでいった。

やはり、自分は自分。方法は人それぞれにあって良いのだと思っている。

1つ、大きな教訓を得た経験がある。私は1993年と1998年の2度、高校日本代表のコーチを務めたのだが、その過程でかつて箕島高（和歌山）を4度の甲子園優勝に導いた故・尾藤公さん、PL学園高（大阪）を6度の甲子園優勝に導いた中村順司さんという名将2人とじっくり話をする機会があり、野球観を訊くことができた。

2人の考え方は本当に対照的だった。尾藤さんは精神論。技術どうこうではなくメンタルに目を向け、いかに選手の力を発揮させていくかということを考えていた。一方、順司さんは技術論。毎年のようにプロへ行って活躍する素材が何人も集まっており、そういう選手たちにしっかりと技術を教えていくことで強いチームを作っていた。そして、ハッキリと方向性は分かれているのだが、お互いに甲子園で何度も勝っている。つまり、どちらのやり方が正しいというものではなく、日本一になるためにはいろいろな道があるのだということだ。

私の指導方針はどちらかと言うと尾藤さん寄りだが、だからと言って、その真似をすれば良いというわけでもない。「この子たちはもっと精神面が強くならないと勝てないな」という年代もあれば、「この子たちはもう少し技術面を高めていけば強くなるだろうな」という年代もある。その年その年で選手たちを見て、彼らに合うスタイルを探していくことが大切だなと痛感した。

ちなみに１９９８年の高校日本代表チームは順司さんが監督で、西日本短大付高（福岡）の浜崎満重さんと私がコーチ。３人の中では私が一番若かったので、役回りとして選手たちとコミュニケーションを取る機会も多かった。いわゆる〝松坂世代〟で選手のレベルがかなり高かったため、せっかくだからといろいろな話を聞いた。面白かったのは投手のウエイトトレーニングについて。たとえば横浜高（神奈川）の松坂大輔（元レッドソックスほか）は、当時からすでに個別でジムに通っていた。鹿児島実業の杉内俊哉（現・巨人一軍投手チーフコーチ）はウエイトトレーニングをまったくやらず、ベンチプレスなどは頑張っても40キロくらいしか挙がらないと言っていた。そして沖縄水産高の新垣渚（元ソフトバンクほか）は逆に普段から体をガンガン鍛え、１００キロ以上のバーベルを挙げている、と。選手の作り方もやはりいろいろなんだなぁ、と感じた。

試合の戦い方という部分でも、ブレずに大事にしてきたことがある。チームの特長はもちろんその年によってさまざまなのだが、基本的にはバッテリーを中心にして内外野の守備を鍛え、そこからリズムを作って攻撃につなげていくということ。要素としては守備力、走力、バント。この3つに調子の波があってはいけない、と言い続けてきた。

トーナメントを戦う上で、この3つがブレるチームというのはやはり試合運びで計算が立たないため、勝ち続けることは難しい。実際に大会で負けてきた試合を見ても、ここぞというところでバントを失敗したり走塁ミスが出たり、あるいは守備でエラーが連鎖してリズムをつかめなかったりしている。だからこそ、常にこの3つの安定感は求めていく。毎年夏の前には必ずここへもう一度立ち返ることになるのだが、チームとしての土台がブレないということはすごく大事だ。

第2章

学生時代

"本多利治"を作った家庭環境と人生を大きく変えた恩師との出会い

ここからは私の生い立ちについて話していこう。指導者として45年間、考え方の部分で柱を持ってブレずに走り続けることができたが、それは私が育ってきた環境や子どもの頃に受けてきた教育も大きく影響している。

1957年9月30日、私は高知県中村市（現・四万十市）に生まれた。四万十川の河口にある自然豊かな地域。川の幸、海の幸、山の幸がふんだんにあり、現在は残念ながら過疎化してしまっているが、当時は人口が高知市に次いで県内2番目。恒例行事としてよさこい祭りが開かれるなど街もすごく賑やかで、私も小学生のときには、お寺の和尚さんのところへ踊りを習いに行って参加したという記憶がある。

そういう環境の中で、私に最も大きな影響を与えたのは母親だ。

教育方針としては昔から好きなことを全部やらせてくれたのだが、何においても「やるからには中途半端になるな」と言われた。スポーツだけでなく勉強についても「絶対に人に負けるな」。また、「自分が良ければそれでいいと考えているようじゃダメだ」とも。数年前に99歳で亡くなったが、私は晩年までずっと怒られていた。

人間力と言うか胆力と言うか、とにかく生命力が強い人だった。

私は6人きょうだいの末っ子だ。上には3人の兄と2人の姉がいるが、一人だけ年齢が大きく離れている。一番上とは17歳差で、一番下の兄でも9歳差。さらに家庭内の経済状況は苦しく、私以外はみな高校にも通っていない。当然、物心がついたときに私のきょうだいはほとんどが家を出て働いており、ほぼ一人っ子のような環境で小学生時代を過ごした。

父親が自動車学校の教官を務める一方、母親はスナックを経営し、いわゆる共働きだった。自宅は店のすぐ裏にあり、酔っ払った客が家のトイレに来て騒いでいる姿なども見ていたので、私は当時、母親の仕事が嫌いだった。結果的には私立の高知中学に進んで12歳から寮に入るわけだが、「家を出たい」という想いはその頃からあったのかもしれない。

だが今にして思えば、複雑な家庭環境の中で育った子どもだったからこそ、母親は私を大学まで行かせるために必死に働いていたのだろう。

あまり人に言ったことはないが、実は小6まで私の姓は「本多」ではなく「山崎」だった。小学生時代にもらった賞状なども、名前を見ると全部「山崎利治」になっている。母親はもともと別の人と結婚しており、相手の姓が「山崎」。兄や姉は全員そのときの子どもだ。しかし死別してしまい、のちに父親と再婚して私が生まれた。それでも母親はしばらく山崎姓を名乗っていたわけだが、私が中学に入ると本多姓へ。いきなり苗字が変わることもビックリしたし、上のきょうだい5人とは父親が違うという事実も知らされ、私はかなりショックだった。

ただ、幸いにも中学から寮生活となったため、とにかく毎日を過ごすことで精一杯。家庭の事情について悩む余裕すらもなかった。おそらく自宅から通う状況に置かれていたら、私は精神的に苦しんでいたかもしれない。そういう意味でも、私は本当に野球に助けられていると思う。中学へ入学したとき、母親からは「お前の帰ってくる場所はない」と言われた。しんどくてもへこたれるな。自分で決めたんだから途中で帰ってくるんじゃないと言われた。実際に寮生活は厳しく、最初のうちは毎日「明日は帰ろう」「明日は帰ろう」と思っていた。それでも逃げずに踏み止まれたのは、やはり自分で決めた道だったこと。そして、母親の言葉が大きかった。

ちなみに父親は大人しくて生真面目。酒も飲まずタバコも吸わず、パチンコなどのギャンブルをすることもまったくない。何を楽しみに生きているのかが見えてこない人だった。

ただ、偉そうな態度を取ることはなく、誰に対しても真摯に接する。その姿勢は父親から学んだものかもしれない。

もう1人、私の人生に大きな影響を与えた人物がいる。高知高校の監督だった岡本道雄先生だ。

私が現役だった時代の高校野球界はスパルタ指導が主流。そんな中、岡本先生は当時から自主性を重視して選手に伸び伸びとプレーさせ、「指導が甘い」などといろいろ批判を浴びながらもまったくブレずにチームを勝たせていた。また、大会では実力がなくても一生懸命に取り組んでいる選手を1人、必ずベンチに入れる。そうやって全員にやりがいを持たせるようにもしていた。

私が選手たちに「偉ぶるな」と言ってきたのも、岡本先生の姿を見て学んできたことだ。選手としても監督としても甲子園で優勝しているが、まったく偉ぶることはなく、誰に対しても頭が低い。指導者としても大きな目標で、「いずれは岡本先生の野球に近づきたい」という想いが強かった。

そして何よりも、私に野球を始めるきっかけを与えてくれた人でもある。

もともとは母親同士が知り合いで、お互いの田舎が中村市の隣の黒潮町だった。私が小

1のとき、高知高校は夏の甲子園で優勝したのだが、そのときに「一番ショート」で活躍していたのが岡本先生。母親から「知り合いの息子さんが出ているから」と言われ、私はたまたまテレビで応援していた。

出会いは小5の終わり頃だ。当時、法政大学の4年生だった岡本先生は卒業後に母校の監督になることが決まっており、高知県に帰ってきていた。そして「母親の知り合いのスナックがある」ということで来店。しかもそのとき、大学の同期生で南海ホークスのドラフト1位ルーキーだった富田勝さんも連れてきた。山本浩司（現・浩二）さん（元広島監督ほか）、田淵幸一さん（元ダイエー監督ほか）と並んで「法政三羽烏」と言われた東京六大学野球のスーパースター。南海はその年からちょうど黒潮町で春季キャンプを始めており、タイミングが合ったわけだ。

私はその場に呼ばれ、富田さんからサインをもらった。さらに岡本先生からは「野球は面白いよ。だから大きくなってもやるんだよ」と言われた。これに感激して野球に興味を抱くようになり、「高知高校に入って岡本先生の下で野球がしたい」「この人と一緒に甲子園へ行きたい」と思ったのだ。

小6になると、私は塾に通い始める。高知高校は中高一貫の私立校。同じ敷地内にある高知中学を受験し、そのまま高校へ上がって野球をしようという目標を立てた。

小5までは遊んでばかりで、勉強をした記憶はほとんどない。友達と自転車であちこち移動し、川へ行って魚を釣ったりエビを突いたり。帰りが遅くなって夜7時や8時になったときは、真っ暗な中を捜し回っていた母親からひどく叱られたものだ。だが自分の中で目標が決まると、頭にハチマキをして1年間とにかく勉強。塾には医者の子どもなどもたくさんおり、最初は周りのレベルが高すぎてついていけなかったが、それでも何とか食らいついていった。当時、高知県内では私立中学の学力レベルが高く、高知中、土佐中、高知学芸中が難関校とされていた。私は合否判定でずっと不合格ラインにいたが、入試直前に初めて準合格という判定を受けた。そこで「行けるかもしれない」と気持ちが高まり、勉強にもさらに熱が入って無事に合格することができた。

改めて、目標を持つことは本当に大切だなと思う。それも誰かに言われて立てた目標ではなく、自分で決めた目標であることが大事。もし私が誰かに「高知中学へ行け」と言われて勉強していたら、苦痛ばかりで結局は学力も上がらなかっただろう。しかし、自分で「やる」と決めたことであれば言い訳もできず、とにかくやるしかない。小6の1年間は人生の中で一番勉強した時期。それがあったからのちの大学受験も頑張ることができたし、本当に良い経験だった。

ちなみに私の地元には少年野球チームがなかったため、本格的に野球を始めたのは中学生になってからだ。それまでは遊びの三角ベースくらいしか触れる機会がなく、あとは学校対抗のソフトボール大会。私がいた中村小学校は人数が多かったので2チームを作って出場。私はAチームの「四番サード」だった。体は小さかったものの、陸上の走り高跳びや水泳の平泳ぎでは県1位になったりもしていたから、それなりにはやれていたのかもしれない。ただ、いずれにしても野球経験がまったくない状態で中学へ。そこからレギュラーとなり、高校と大学ではキャプテンも務めた。「過去の実績は何も関係ない。大事なのは今頑張るかどうかだ」という考え方は、そんな実体験からも得た教訓だ。

寮生活を通して自覚が芽生える
土台作りの大切さを学んだ中学時代

高知中学に入学すると、まずは初めての寮生活に慣れるところからのスタートだった。

厳密に言うと中学生の寮はなく、基本的には多くの人が自宅から通って、それが難しい人は同じ敷地内にある高校の寮に入るというスタイル。それも野球部専用ではなく水泳部や相撲部といった他のクラブも共同で、多くの高校生たちと一緒に生活した。部屋は2人1組で、私が中1のときに同部屋だったのは高3の野球部のキャプテン。可愛がってもらえたが、年齢差もあってメチャクチャ怖かったのを覚えている。

朝は寮生全員で校庭に出て体操をし、同じく学校法人高知学園の系列である高知学園短期大学の食堂でご飯を食べてから学校へ。高校へ上がるとそこにグラウンド整備が入るので、毎朝バタバタしていた。夜は点呼があり、それが終わると1～2時間ほどの勉強時間がある。春日部共栄に寮が作られた1993年以降、私は文武両道を目指して2日に1回程度のペースで夜に2時間の勉強時間を設けてきたが、これも現役時代を参考にした。

特に厳しかったのは上下関係だ。挨拶や掃除などがしっかりできていないとか、勉強時間に喋っていたとか、そういう部分は細かく指摘されて叱られた。それだけではなく、理不尽も多い。もともと寮は古い建物で壁のトタン板が剥がれて土が見えてしまっている部屋もあり、しかも冷暖房の設備もないため、夏は暑くて冬は寒い。そんな中、先輩たちは冬場にポットでお湯を沸かして蒸気で部屋を暖めようとするのだが、電力の使い過ぎでブレーカーが落ちるとなぜか後輩が叱られた。風呂場も4～5人程度でギュウギュウになってしまうような狭いスペースで、先輩の目もあって入りづらいから所要時間は2〜3分。湯船にゆっくり浸かったことはない。洗濯機もかなり古く、ローラーが付いた手動式。先輩の分までやらされると時間が足りず、洗濯板でゴシゴシと洗う。冬などはとにかく手が冷たかった。

先述したように、初めは「明日の朝は家に帰ろう」とずっと思っていた。学校のすぐ近くにある旭駅からは朝5時台の始発があり、「それに乗れば誰にもバレずに抜け出せるな」などと考えたりもしていた。ただ、結局は自分自身で決めたこと。誰かを頼るのではなく、自分のことは自分でやらなければならない。そういう環境に身を置き続けたことで、精神的に強くなれたのかもしれない。

なお、高校3年生になると私は寮長をやらされた。何か問題があると必ず寮長が呼ばれ、寮母さんから「ちょっとトイレが汚いよ」とか「風呂掃除ができていないんだけど担当は誰?」などと指摘を受けるのだ。それを寮生に伝え、毎日しっかり見回る。野球部のキャプテンと兼務するという例は過去にもほとんどなかったそうだが、自ずと責任感もついた。

結果的に中学から高校、大学まで10年間を寮で過ごしたことは、自分が指導者になったときにも大きく生かされている。春日部共栄でも希望者を募り、自宅から通うことが難しい選手から優先して最大40名を入寮させてきたが、自身の経験に基づいて必要なルールをしっかりと作り、規則正しい生活が送れるようにした。また最初のうちは選手たちがどうなってしまうのか心配で、私も一緒に泊まり込んだ。「今は親元を離れてまだ不安だろうな」とか「ホームシックになっていないかな」とか、そういった気持ちも理解しながら指導をしてきた。

話を戻すが、高知中学の野球部は当時から中学軟式の強豪として有名だった。私のときも入部希望者はたしか80人ほどいたのではないか。周りは少年野球で経験を積んできた選手ばかりで、みんな上手かった。一方で私は野球チームの練習の仕方はもちろん、ユニフォームの着方さえも知らない。1年生は練習でひたすら声出しとランニングばかりだったので、第一印象は「野球ってつまらないな」だった。

そんな折、私は貧血で倒れてしまい2か月間、練習から離脱する。医者からは「血液中の鉄分が少ない」と言われ、毎日病院に通って注射を打っていた。ただ、実はその期間に大きなきっかけがあった。

寮のベランダに出ると、ちょうど真下に高校のグラウンドが見える。部屋から毎日のように高校生の練習を見ていると、夢が大きく膨らんできた。先輩たちの動きは洗練されていて、ボールを投げればスーッという球筋で相手のグラブにパーンと入っていく。そのカッコ良さに目を奪われ、「ああいう選手になりたいな」という憧れが芽生えてきたのだ。

復帰すると、私はとにかく必死に人のプレーを見るようになった。グラウンドでの練習中だけでなく、寮の下にある雨天練習場で個人練習を積んでいる先輩たちを見て、その真似をしてみたり。自分で考えて工夫するということは人一倍やっていたかもしれない。中1の秋からはセカンドで試合に出られるようになり、そこで活躍するとまた嬉しくなって、自分でさらに工夫しながら練習した。

高知中学の監督だった岡崎格先生も、私がすごくお世話になった人だ。日本体育大学の陸上部出身。私が高校卒業後の進路として日体大を選んだのも、岡崎先生に勧められたことがきっかけだ。

岡本先生が選手の自主性を重んじていたのに対し、岡崎先生は選手に対してかなり厳しく接していた。私たちが特にうるさく言われたのは生活態度。挨拶や礼儀などはもちろんだが、授業中にふざけている選手がいたら、その話を聞きつけてベンチの横でずっと正座。練習をやらせてもらえなかった。また練習中にも何か気になることがあると、流れをピタッと止めて指導が入る。ノックバットを放り投げて家に帰ってしまったこともあり、そのときはみんなで謝りに行った。

中高一貫ではあるが、野球部の指導スタイルは監督の考え方によってまったく違った。だが、その両方を経験できたことは私にとって大きなプラスだったと思う。指導者としてはずっと「自主性」を目指してきたが、春日部共栄に赴任して選手を見たとき、「最初から自主性だなんてとんでもない。選手に任せたら何をするか分からない」と感じた。だから岡崎先生の野球を採り入れ、最初の10年は「強制」で土台を作ろうとしたのだ。

そして、岡崎先生の下で鍛えられた高知中学は野球も強かった。公式戦で何十連勝とかも平気でやるようなチーム。当時の中学軟式には全国大会がなく、私の世代は3年時に春夏連続で四国大会優勝。スラッガーの杉村繁（現ヤクルト一軍打撃コーチ）など同級生にも恵まれ、大会ではとにかく勝ち続けることができた。

目標にしていた高校野球の世界へ 〝過去最高のキャプテン〟の矜持

中学野球を引退後も寮生活は続き、しかも中高一貫ということで3年秋からは高校の練習に参加。だから「引退した」という実感はなく、私はそのまま流れるようにして高校野球に入っていった。

実際に高校生の練習に交ざってみると、まずは軟式と硬式のボールの違いに戸惑った。もちろん投げるときの感触やゴロのバウンドの仕方なども違うのだが、何よりもボールを打ったときの衝撃の強さが違う。当時は竹バットを素手で握って練習していた時代で、アルミ製の金属バットが導入されたのは2年春のセンバツ直後。私は小柄で力が弱かったため、よく打球が詰まって手が痺れていた。しかも「痛い」という表情を見せると先輩たちから叱られる。本来、バッティングというのは野球の練習の中で一番楽しいはずなのだが、私は一番嫌いだった。

私の学年は最終的に部員10人と少ない。高知中学からの内部進学は私を含めて7人しか残らず、他の中学から入ってきたのが3人。監督は怖い存在ではなかったのだが、先輩後輩の上下関係における理不尽さなどもあり、多くの選手が辞めていくような時代だった。ただ、同期生は頼もしかった。杉村のバッティングはずば抜けていたものの、決して能力的にすごい選手が集まっていたとは思わない。しかし負けず嫌いが多く、特に内部進学組は中学時代に勝ち続けてきたという経験値がある。さらに高校でも1つ上の学年のときから同期5～6人がレギュラーとして試合に出ており、大舞台になってもまったく動じずに落ち着いてプレーしていた。

私はと言うと、2年秋以降はセカンドのレギュラーになったが、それまでは外野やショート、サードなどいろいろなポジションを回った。1年秋には明治神宮大会でマネージャー登録をされ、ベンチに入ってスコアをつけている。年が明けて2年夏までは背番号13でベンチ入り。チームは春夏連続で甲子園出場を果たし、私は主に三塁ベースコーチを務めた。

2年春に初めて見た甲子園の景色は、今でも頭に残っている。

私は一番背が低かったため、開会式では最後尾で行進。チームメイトを前に見ながらライトの出入口から入場していくと、少しずつスタンドが見えてきた。当時は春のセンバツでも観客が超満員。その雰囲気に圧倒されてしまい、そこから先は緊張でほとんど覚えていない。

2年春は津久見（大分）と横浜（神奈川）を倒し、和歌山工業に敗れてベスト8。2年夏は初戦で中京商業（岐阜＝現・中京高）に1対2で敗れた。私が2年時の甲子園で試合に出たのは中京商業戦、0対2で迎えた最終回の1打席だけ。先頭打者への代打で、たしかサードゴロに終わったはずだ。また、印象に残っているのは横浜とのセンバツ2回戦。相手は前年に初出場初優勝を果たし、連覇を狙う優勝候補だった。延長12回裏、センバツ優勝投手でもある相手エース・永川英植さん（元ヤクルト）から杉村がセンターオーバーのサヨナラ安打を放って1対0で勝利。これで一躍、彼の名前が全国的に広まったわけだが、翌日の新聞にはホームベース付近で私と杉村が喜び抱き合っている写真が掲載されていた。

新チーム結成時、私はキャプテンに指名された。

先輩たちからは「次は多分お前だ」と言われており、チーム内の雰囲気としてもおそらく自分になるだろうと感じ取っていた。ただ、さすがにビックリしたのは最初のミーティング。いつもは試合のときだけベンチに入り、練習に顔を見せない野球部長の西岡健三先生が珍しくやってきた。そしていきなり「過去最高のキャプテンができた」と言ったのだ。

さらに、岡本先生がこう続けた。

「このチームは全国制覇を狙うぞ」

当たり前のように甲子園出場を目指してきてはいたが、全国制覇と言われるとなかなかピンと来なかった。

火が点いたのは、秋の県大会決勝で高知商業に0対2で敗れたときだ。夏のチームから主力が多く残り、県内では圧倒的な優勝候補として見られていただけに、心のどこかに油断があったのかもしれない。この敗戦で逆に全員の気持ちが引き締まり、続く四国大会で優勝して翌年のセンバツ出場が決まる。そして1975年春、全国制覇を実際に成し遂げた。

キャプテンとして何か意識していたことがあるのかと言うと、特にはない。ただ、もともと性格的にいい加減なことが嫌いで、グラウンドでは普段から同級生に対しても平気で「コラァ！」と怒って注意していた。そもそも監督が選手に強制するタイプではないため、周りからすればむしろ私のほうが怖かったのではないか。岡本先生からは「練習中、俺の前だったら手を出してもいい」とも言われていた。そこまで信用し、温かく見守ってくれていたことは非常にありがたい。

高校、大学とキャプテンを務めたが、なぜ私だったのかという理由はハッキリとは分からない。ただ実際に自分が経験してきたからこそ、指導者になってからはキャプテンの決め方にもこだわりがあった。先述したように、引退した3年生に感想文を通して意見を訊くというのも1つ。単純に「チーム内で一番上手いから」という理由で選ぶことはせず、周りから信頼されているかどうかを重視する。また、候補に挙がった選手とは一対一で話し、本人がどう考えているのか。そして基本にあるのは、不平不満を口にしない人間かどうか。キャプテンがすぐに不平不満をブツブツ言うような性格だと、他の選手もみんな自然と釣られていく。それではチームがまとまらないからだ。

基本的にはベンチ入りメンバー、できればレギュラー候補の中に適任者がいてくれると助かるのだが、そうでない場合もある。それでもいざキャプテンに指名すると、やはり本人が自覚を持って頑張り、行動が良くなって選手としてもグングン成長していく。たとえば昨年、私の〝最後の夏〟を戦ったチームでキャプテンを務めた三田村幸輔などは、2年秋は控え内野手だった。しかし3年春にはショートのレギュラーとなり、3年夏には二番打者として18打数12安打。最初は「周りを引っ張れるヤツだけどスタメンはちょっと苦しいかな」とも思っていたのだが、自分の力でポジションをつかみ取った。やはり責任感が生まれると人は伸びていくのだと思う。

優勝候補として臨んで日本一を達成
大会後に待っていた落とし穴

さて、3年春のセンバツ優勝だが、決してチームは順調だったわけではない。実は大会直前には、風邪を引いている選手や故障を抱えている選手が多かった。私もピッチャーの頭を越えてきた打球を捕りに行った際にショートとぶつかり、右肩を打って靭帯を痛めている。ギプスで固定し、何とかギリギリでセンバツに間に合ったという状況だった。

そういう意味では、組み合わせ抽選でも恵まれたと言える。

大会では戦前から「東の東海大相模、西の高知」と言われていたのだが、その優勝候補2チームがトーナメント表の両端にハッキリと分かれた。私は抽選のクジを引く列に並んでいるとき、何人か前にいた東海大相模（神奈川）のキャプテン・佐藤功に向かって、冗談交じりに「俺が選手宣誓やるから1番は引くなよ」と声を掛けている。当時は1番のクジを引いたチームのキャプテンに選手宣誓の権利が与えられたのだ。ところが、佐藤がその「1番」を引いてしまった。ガッカリして私がクジを引くと、出たのは出場29校中で一番後ろの「29番」。結果的には2回戦からの登場で初戦の日程がギリギリまで遅くなったので、選手たちが体を回復させる時間を作ることもできた。

試合では、とにかく接戦が続いた。熊本工業との2回戦は延長11回で5対4。続く準々決勝の福井商業戦は2対1、準決勝の報徳学園（兵庫）戦は3対2。「六番セカンド」の私はこの2試合でタイムリーを放ち、2度もお立ち台に上がってインタビューを受けるという経験ができた。東海大相模との決勝は延長13回で10対5。4試合すべて相手チームのほうがヒット数は多かったのだが、とにかく粘り強く戦えていたと思う。

トーナメントを戦う上では「守備力、走力、バントの3つに波があってはいけない」というのが私の考えだが、岡本先生も当時からそこを重視していた。特に守りにはこだわっていて、普段から守備練習にかなりの時間を割いていた。そして実際、エース左腕の山岡利則、キャッチャー北岡守男というバッテリーを中心にして守りは崩れなかった。打線は全体的に不調気味だったが、守備でピンチを凌いで流れをつかんでいったのだ。

決勝を戦った東海大相模などは、打力は圧倒的だったと思う。当時2年生の原辰徳（元巨人監督）や津末英明（元日本ハムほか）などがいるスター軍団で、平均身長は178センチと出場校の中で最も大きいチーム。しかもユニフォームが縦縞だから余計に大きく見える。一方の私たちは平均身長168センチと最も小さいチームで、整列したときには相手を見上げて「デカいなぁ」と思っていた。ただ、それでも守備には自信を持っていたし、約6万人という大観衆の中、初回に原にホームランを浴びるなど3失点を喫しても動揺は

小柄ながら堅守と勝負強い打撃でチームをけん引してきた著者。1975年センバツの準々決勝・福井商業戦で、7回同点に追いついたあと決勝の中前適時打を放った

まったくなかった。

最終回はサードからの送球を私が二塁ベース上で受けて一塁へ転送し、併殺で試合終了。飛び上がって喜んだ。全国制覇を目指してはいたが、優勝した瞬間というのは「本当に優勝しちゃったよ」という感じだった。また閉会式でも優勝旗が重くて「グラウンド内を行進するのが苦しいな」と思っていたくらい。実感が少しずつ湧いてきたのは決勝の翌日、高知県に帰ってからだ。パトカーが私たちのバスを出迎えていて、県民センターに集まった人たちの前で挨拶をしてから車に乗って優勝パレード。選手全員が高知県民ということもあり、たくさんの人が沿道で声援を送ってくれて、とにかくすごい盛り上がりだった。と、ここで1つ成果が出たわけだが、高校3年間を振り返ると実は悔しい気持ちのほうが強い。

センバツから帰ってきた後、私は5月あたりに腰を痛めてまったく立てなくなってしまい、そこから2か月間も離脱した。遠征にも同行できず、復帰したのはたしか夏の大会の1週間ほど前。完治したわけではなかったので最後も痛みを抱えながら試合に出ており、不完全燃焼だった。さらにセンバツ優勝後、チームの状況は一変した。取材を受けることが増え、招待試合にも参加し、グラウンドには多くの女子高生が押し寄せてくる。練習はしているが、全体的にどこか集中力を欠いていたのではないか。岡本先生は「あれは俺のせいだ。チームが気持ちを切り替えられるようにしなければいけなかった」と言っていたが、当時まだ28歳だから難しかったのだと思う。

3年夏は県大会準々決勝で土佐高校に0対6。私の小学校の後輩に満塁ホームランを打たれるなど、あわやコールド負けの完敗だった。報道関係者も多くの人が涙を流しており、「応援してもらっていたのに申し訳ないな」という想いが溢れてきた。

私は結局、甲子園の土を一度も持ち帰ることなく高校野球を終えた。2年時には「3年生になって絶対また帰ってくるんだ」と自分に言い聞かせ、3年春には「まだ夏がある」。そして最後の夏は、甲子園まで辿り着けなかったのだ。悔しいが、これも自分で決めたことだから仕方ない。「勝って驕るな」「偉ぶるな」というのは、このときから教訓として強く残っている。

1975年のセンバツで優勝し、閉会式で優勝旗を授与される著者

波瀾万丈だった大学時代を経て現役生活に終止符を打つ

私は中学時代から「将来は指導者になりたい」と思い描いていた。高校で岡本先生の指導を受けているとよりその想いが強くなり、卒業後は大学へ進んで体育の教員免許を取ろうと考えた。

ただし、野球を続けるつもりはなかった。振り返れば高校時代はケガばかり。右肩や腰に加えて右ヒジも痛めており、特別に力があるわけでもない。だから、各大学のセレクションなどには参加しなかった。もともと目指していたのは早稲田大学だ。甲子園優勝の実績があり、学校の評定平均も取れていたので、「推薦なら受かるかもしれない」と言われた。ただ、それだと野球を続けなければならなくなるので、一般入試を受けようと思って高校野球引退後は勉強に励んだ。どこで間違えたのか、「甲子園で優勝したキャプテンが就職希望らしい」という話を聞きつけて、何と日本銀行から就職の誘いも来たのだが、そちらもお断りした。

ところが、だ。チームメイトが次々と進路を決める中で、私の状況を心配した岡崎先生がやってきた。

「高校野球の指導者になりたいんだったら、大学でも野球を続けたほうが良いんじゃないのか。体育の先生になりたいのであれば（母校の）日体大は良いぞ。1回見てきたらどうだ。それから決めても遅くないだろう」

このひと言で運命は変わっていく。

私は東京へ行って日体大の合宿所に泊めてもらい、11月の明治神宮大会に出場した日体大野球部の試合を観戦した。優勝した明治大学に敗れるも、0対1と善戦。必死に戦う姿を見て「良いチームだな」と思い、日体大で野球をするという選択肢が生まれてきた。結局、時期が遅すぎて野球推薦を受けることはできなかったのだが、一般入試で合格した。

進路を決める際は、実はものすごく悩んでいた。

と言うのも、大学受験の直前に父親が運転中の事故で電柱にぶつかり、頭を打って脳溢血で倒れたのだ。当時60歳。そのまま右半身不随となり、言葉は上手く喋れず、利き手がまったく使えない。70歳で亡くなるまで約10年、リハビリ生活はずっと続いた。もともと家計も苦しいだけに、私は「大学へ行ってもいいのだろうか」「お金は大丈夫なのだろうか」とギリギリまで迷った。最終的には周りに背中を押してもらって受験するのだが、大学進学後も「親に迷惑をかけるわけにはいかない」という一心だった。後になって母親から聞いたのは、「お父さんはずっと『就職しろ』って言っていたんだよ」。家庭内では「好きなことをやらせる」という母親の教育方針が強く、父親は私に本音を直接言わなかったのだ。帰省して病院を訪れたとき、父親はずっと「家に帰りたい」と言っていた。毎年、正月に顔を出すと「おう、帰ってきたか」と言わんばかりの満面の笑顔で迎えてくれたのだが、私が帰るときはものすごく悲しそうな顔をする。それが辛かった。

そんな状況で飛び込んだ大学野球。私は1年生のとき、東京都世田谷区の深沢にある合宿所に入ったのだが、実は野球部を一度辞めている。家からの仕送りがなく、経済的にギリギリでお金を稼ぐしかなかったからだ。高校の1つ上に駒澤大学へ進んだ先輩がおり、その人の下宿先に転がり込んで数か月間、近くのスーパー『ダイエー』で検品作業のアルバイトをしていた。すると、それを聞いた岡崎先生が大学の上平雅史監督のところへ行ってくれて、私は「食費をタダにする」という約束で野球部に復帰させてもらうことができた。あれがなければ、私の野球人生はそこで終わっていただろう。本当に感謝しかない。

また、2年時には野球部と水泳部で使う神奈川県横浜市の寮へと移るのだが、3年生になったとき、その近くに「健志台合宿寮」が新設された。そこはすべての運動部の主力が集まる大規模な寮。私は上平監督から「一軍に入りたいか」と訊かれ、寮入りを勧められる。ただシステム上、これまでのように寮の食費を免除というわけにはいかなかった。そこで提案されたのが「じゃあ寮内でアルバイトをしたらどうだ」。だから3年時は毎朝2時間、時給500円で食堂の手伝いをした。

朝6時から大きな釜に米を入れて研ぎ、水を入れて炊く。また、ご飯や味噌汁など出来上がった料理を数百名分、次々と器によそって寮生に渡していく。そういう作業を毎日こなし、8時に終わると厨房の奥でようやく自分の朝食だ。食堂のおじさんやおばさんが「ご苦労さん」と言って、その日のメニューとは違うものを作ってくれる。それがとにかく美味しくてたまらなかった。あのときにお世話になった人たちへの感謝の想いも強く、私は自分の結婚式にも呼んでいる。

毎朝アルバイトをしながら練習をしていたから、もちろん体力面はキツい。いくら食べても体は痩せ細っていて、身長166センチに対して当時の体重は56キロ。ただ1日も休めないからこそ、精神的にはかなり鍛えられたと思っている。3年春には初めてベンチ入りをし、リーグ戦では1回だけ代走で出場。秋にはなぜかレギュラーとして使ってもらい、セカンドでベストナインを受賞した。

最上級生になるとき、上平監督に呼ばれて新チームのキャプテンを打診された。そして「キャプテンに寮の食堂でアルバイトをさせるわけにはいかない。何とかならないのか」と。そこで実家に相談すると、父親の姉が何とか1年間だけ寮費を払ってくれることになった。本当にいろいろな人の協力があってこそ、私の今は成り立っている。

キャプテンになると上平監督とのやり取りがさらに増えた。メチャクチャ怖い存在ではあったが、そこで大きく学んだことがある。

上平監督は練習メニューを選手に決めさせていた。私が学生スタッフとミーティングを行い、その内容を報告する。しかし、それで一発OKということはまずない。そこでもう1回ミーティングを行い、いろいろ考えながら修正して再度提出。それでもやはりOKは出ない。何度やっても跳ね返されてしまうので、当時は「どうすれば正解なんだ。じゃあ自分で考えてくれよ」と思っていた。だが今にして思えば、あれは「学生たちに考えさせなければ意味がない」ということ。まして日体大というのは、将来の指導者を育成する大学でもある。「何がダメなんだろう」と何度も考えさせることで、「自分たちで考える」という訓練をしていたのだ。

一方、個人的な話では高校時代と同じく、最終学年でまたもやケガに悩まされた。春のリーグ戦へ向けた練習のとき、張り切って二塁ベース寄りの打球にバックハンドで飛びつくと、そのまま左肩靭帯を痛めた。高校時代は右肩靭帯。さらに実は小学生時代に鎖骨の骨折もしており、ギプス生活は通算3度目だ。春のリーグ戦には出場できず、復帰した秋も試合にはたびたび出たが不調のまま終わった。

秋のリーグ最終戦はボコボコにやられた。しかも相手は、原辰徳をはじめ東海大相模の選手も多くいる東海大学。首都大学リーグでプレーした4年間、優勝は8季すべて東海大だった。みんながバスに移動しても私はまだ悔しくてベンチに残り、一人で涙を流していた。人前で泣くのは嫌だった。だが最後は私を呼びに来た後輩に見つかってしまい、「本多さん、帰るよ」と言ってバスまで連れて行かれる。これが私の現役生活の最後だった。

指導者人生スタートのきっかけとそこで待っていた大きな転機

現役を引退して1週間後くらいのことだっただろうか。私は上平監督に呼ばれて「就職はどうなっているんだ」と訊かれた。そこで「高知高校に帰りたいと思っています」と返すと、こう言われた。

「バレーボールが強い共栄学園という女子校があって、その（母体の）学校法人共栄学園が今度、埼玉県に春日部共栄という男女共学の新設校を作るという話がある。そこで野球部で監督になれる人を探しているから、お前が面接に行ってこい」

急展開だった。

実は母校とは連絡を取り合っていて、岡本先生から「俺の次はお前に（監督を）やらせるぞ」とも言われていたので、大学卒業後はその下でコーチをやるつもりだった。ただ教員採用の空きがなく、同期の北岡の父親が「ウチの会社に入って仕事をして、夕方になったらグラウンドへ行ってコーチをするのはどうだ。そして、空きが出たタイミングで教員になればいいんじゃないか」と提案してくれていた。

田舎に帰りたいという想いは強かったが、とりあえず言われるがまま面接へ行った。さらに上平監督からは「どうするかは1週間で決めろ」。さすがに時間がなさすぎたが、真剣に考えた結果、「ここなら頑張れるかな」と思って決断した。

決め手は第1章でも述べた通り、「〇年で甲子園に行ってほしい」というような条件がいっさいなかったことだ。私がずっと思い描いていた指導は、野球を通した人間形成。22

歳の若者がまったく知らない土地で、しかも伝統も何もない新設校でいきなり監督をやるのだから、数年で結果を残すことを第一に求められていたら野球がおかしくなってしまう。自分で自由に色を塗っていける環境だからこそ、指導者としての力を試せると思った。

心が決まった私は大学卒業までの約4か月間、東京都葛飾区にある共栄学園に寝泊まりをし、学園側からもらった「春日部共栄高校準備委員 野球部監督」という名刺を持って埼玉県内の中学校へ挨拶回りをした。失礼ながら埼玉県には縁もなく、春日部市がどこにあるのかもまったく知らなかったのだが、春日部市内から越谷市、草加市など東部地区を中心に声を掛けていった。ありがたいのは、共栄学園の関係者も新設校の広報活動として中学校を一緒に回ってくれたこと。くっ付いていった私の紹介もしてくれたので開校前から〝本多利治〟を知っている人も多く、野球部の入部希望者は100人を超えていた。

ちなみにこの4か月間は、私生活の転機でもあった。高校3年生だった現在の妻と出会ったのだ。

妻は当時、共栄学園高校のバレーボール部を引退したばかりで、後輩たちの練習を手伝うために母校へたびたび来ていた。私は毎日寝泊まりしているので、必然的に顔を合わせる機会も多くなる。また、日体大のバレーボール部で私と同級生だった太田豊彦（元・共栄学園高バレーボール部監督、現・明海大学バレーボール部監督）が次期監督候補として共栄学園に来ていたという縁もあった。妻は9人制バレーで卒業後の就職が決まっていたのだが、住んでいたのがたまたま春日部市。偶然が重なったこともあり、その後は交際に発展した。

私は監督就任4年目に26歳で結婚したのだが、ここで妻と出会っていなかったらおそらく、早いうちから家庭を持つことはなかったのではないか。この頃には父親の体調もすでに危なくなっていたため、結婚を決めるとすぐに結婚式の話を進めた。その翌年、長女が生まれる前に亡くなってしまったのは残念だったが、結婚式には何とかギリギリ間に合って車椅子で出席してもらうことができた。

私の人生にはこうしてさまざまな人が関わってくれているのだ。そうやって学んできたものを、今度は子どもたちに返していかなければならない。そんな覚悟を持って、私は春日部共栄で1年目から指導に臨んでいった。

第3章

自主自律

ゼロから作り上げたチームの土台
嫌われる覚悟を持って子どもを育てる

大学を卒業して春日部共栄の教員となり、同時に高校野球の指導者人生が始まった。これまでにも話してきたように、目指したのは「自主性」を重んじる指導だ。そのためにまずは「強制」で土台をしっかり作り、徐々に転換していくという形を思い描いた。

当時を振り返ると、本当に文字通り〝何もない〟ところからのスタートだった。まったく知らない土地で右も左も分からず、知り合いがいるわけでもない。しかも現在使っている専用グラウンドができたのは1983年。それまでの4年弱は校庭で練習していたのだが、きちんと整備されているわけではなくボコボコの状態だった。大きな石がゴロゴロと転がっていて、あちこちに残土もある。みんなで石を拾ったり掘り出したりしながら土を耕していき、それを馴らして固めて……そんな感じでグラウンドを手作りで整えていった。

開校1年目の入部希望者は100人超。教室に入り切らないほどになったのでビックリした。ただ、私が最初のミーティングで指導方針を説明し、「無理だと思ったヤツは入らなくていいからな」と言うと、それだけで10人ほどがすぐにいなくなった。おそらく「新設校だから先輩もいないし、好き勝手にできる」というような軽い気持ちで来ていたのだろう。さらに練習を始めて1週間が経つと、部員数は一気に半分へ。最終的に1期生は28人まで減った。

だが、去る者は追わなかった。土台作りはとにかく最初が肝心であり、いい加減な姿勢の選手を簡単に認めるわけにはいかない。先述したように、1つ妥協したら2つ3つと妥協し、選手たちが「これくらいやっておけばいいんだな」と毎日を惰性で過ごしてしまうのだ。まして当時は学校の偏差値も低く、ヤンチャな生徒ばかり。その雰囲気に流されてしまわないためにも、グラウンド内外で目を光らせた。そもそも見本となる先輩がいないわけだから、もちろん私がお手本を示していくしかない。とにかく挨拶や言葉遣いから掃除やグラウンド整備、道具の管理などまで手取り足取り、徹底的に指導した。

スパルタ指導の噂は広まり、だんだん「あの監督は鬼だ」とか「春日部共栄へ行ったら殺されるぞ」などと言われるようにもなる。規定によって大会への参加は2年目の1981年夏からだったが、実戦経験を積ませようと思って練習試合をお願いしても、力のあるチームにはすべて断られてしまった。初めて練習試合を組んでくれたのは、夏の大会で過去に1勝もしたことがなかったチームだ。専用バスがあるわけもなく、みんなで道具を手分けして運びながら電車で移動した。そこから少しずつ練習試合を組めるようになったが、周りの観客からはたくさんのヤジを浴びた。「出て行け！」「四国へ帰れ！」。それでも選手たちには「絶対に何も言い返すな。周りの声を気にしているようではダメだ。お前たちは試合で勝てばいいんだ」と言い続けた。

もちろん心苦しさもあったが、私は血気盛んでやる気に満ち溢れていた。そしてそういう声があったからこそ、逆に闘志に火が点いた。

高校を卒業するとき、私は校長先生に呼ばれてこう言われている。

「いいか、本多。お前には全国制覇したキャプテンだっていうのが一生ついて回るからな。だからしっかりしろよ」

その言葉はずっと心に残り続けた。だからこそ、「全国制覇のキャプテンと言っても指導者をやったらこんなもんか」とは絶対に言わせたくない。必ず甲子園へ連れていって学校の評判を上げてやるから、今に見ていろよ、と。そんな反骨心が私を支えていたのだと思う。

開校2年目の夏、初めての公式戦は1回戦で川越工業に2対12の6回コールド負けだった。1、2年生だけのチームとは言え、私の野球人生においては初めてのコールド負け。

それが監督になっていきなり訪れたので、とにかく悔しくてたまらなかった。その後、メンバーが全員残ったまま新チームがスタート。夏休み期間に入ると、学校で3～4週間の泊まり込み合宿を行った。私も一緒に寝泊まりをして選手たちが途中で逃げ出さないように見張りながら、朝から晩までとにかく練習でとことん鍛えていった。また食事は保護者に交替でお願いしていたものの、朝ご飯だけは選手たちに作らせた。味噌汁を作るときになぜか砂糖を入れてしまう選手もいたが、「これも良い経験だ」などと言いながら共同生活を送った。そんな日々を過ごしていくうちに一体感が生まれていき、秋の県大会ではベスト8進出。チームとして大きな第一歩だったが、選手たちにとっても大きな自信になったのではないかと思う。

こうした一連の流れが春日部共栄というチームの原点であり、先輩から後輩へと伝統がつながって今がある。教え子は約1600人。そして私は、彼らからいろいろなことを学んできた。

まだ校庭で活動していたとき、ある選手が帽子をかぶらずに練習をしていた。私がビシッと叱ると、彼はその場で泣き始めてしまった。事情を訊ねたところ、母親が借金を苦にして家を出てしまい、帽子を買うお金がないとのこと。私はそこで「どうして頭ごなしに怒ってしまったんだ」と反省した。目の前の事実だけを見るのではなく、ちゃんと理由も訊いて判断してあげなければいけないなと。ただし、だからと言って彼にだけ帽子を買ってあげるとか、そういう特別扱いをする必要もないと思っている。私は「じゃあ仕方ないな」と言ってそのままにしておいた。

時代の流れを見ると、近年は夫婦共働きやひとり親なども普通のことになっているが、いずれにしても家庭環境というのは人それぞれ違う。だから、その一つひとつに対して何か特別なケアをしてあげることなどは考えたことがない。結局、目的は野球を通して自立させることであり、親には子離れしてほしいし、子どもには親離れしてほしい。「家庭環境がこうだから」という言い訳もさせたくはないのだ。そもそも私自身、大学時代はアルバイトをしながら野球をしていたが、だからプレーがどうのこうのと言い訳をしたことは一度もないし、その中でベストナインも獲っている。選手に「自分にはこういう事情があって……」と言われても「だから何だ。それと野球のプレーは関係ないだろう」と言える。目の前のことを今頑張るか頑張らないかは自分が決めることであり、周りの人や環境に左右されることではない。

とは言え、指導者側からの視点で言うと、親の教育の仕方が変化していることはものすごく感じる。

昔は選手が親に対して「絶対にグラウンドへ来るな」と言っていた。自分が怒られている姿を見られたくなかったのだろう。そして実際、練習や試合を見に来る親は少なかったので、どちらかと言うとあまり積極的に関わる感じではない。ただ、先ほどの合宿での食事のように何か協力をお願いしたときはすぐに動いてくれたし、「よし、甲子園に行くぞ」などとすごく盛り上がっていた。

一方、今の時代は過保護が当たり前。一度だけビックリしたのは試合が終わって球場の外で着替えているとき、ある選手がユニフォームを脱ぐとその親が横で受け取って畳み始めたこと。私は思わず「何やってんの？　小さい子じゃないんだから自分でやらせろよ」と言ってしまったのだが、そうやって親が何でも手取り足取りやることが染み付いている子はやはりグラウンドでも弱い。逆に親から「自分のことは自分でやれ」と言われてきた子は芯が強く、目つきが全然違う。

だから、保護者にはいつも「（親バカじゃなくて）〝バカ親〟になったらダメですよ」と言ってきた。子どもが自分から好きで野球をしているのだから、親が変に気を遣う必要はない。本来は「自分で自分のことができないなら辞めなさい」で良いはずなのだ。また、親が自分の子どものことしか見えなくなって「なんでウチの子は試合で使ってもらえないんだ」と不満を言い出したりすると、逆に子どもはそのチームでやりづらくなってしまう。そもそも、なぜ使われないのかは普段の様子を見れば一目瞭然。だから私は「練習も試合もどうぞ自由に見に来てください。見てもいないのにゴチャゴチャ言わないように」という姿勢を徹底してきた。

ただ結局のところ、過保護も各家庭の考え方によるものであって、直せと言ってなかなか直るわけではない。たとえば親自身が子どもの頃に厳しく育てられてきたとしても、その経験から「子どもには自分と同じ思いをさせたくない」と考えたり、逆に「自分と同じように子どもを厳しく鍛えてあげたい」と考えたり。そうやって人それぞれの受け取り方で変わってしまうのだ。そして、私たち指導者は親からそういう教育を15年間受けてきた子どもたちを預かるわけだから、たった3年間の高校生活で性格そのものを全部変えることなどはできない。

だが、それでも3年間を通して大事なことはできる限り伝えたいし、いつかは必ず分かってくれると信じて指導してきた。親が過保護になってしまうのは、みな「そのときに良い親」になりたがるからだろう。しかし、逆に厳しく接してそのときは嫌がられていたとしても、10年後や20年後に感謝される親になっているのであれば、そのほうが良いのではないか。指導者も同じで、私は選手に好かれようと思って指導したことはなく、むしろ嫌われて当然だと思っている。卒業して何年か経ち、「あのときに言われたのはこういうことか」と分かってくれればそれでいいのだ。

意識が高まってつかんだ甲子園出場 歴代最強チームが身に付けた「底力」

１期生が２年時の１９８１年秋に県ベスト８へ入ると、２期生は平塚克洋（元阪神コーチ）を投打の柱として秋８強、春４強、夏８強といずれも県上位に勝ち上がった。実はこのチームのとき、私は練習をボイコットされたことがあり、選手を見ながら指導することの大切さも痛感させられた。それまでは「とにかく従わせる」という手法を取っていたのだが、ひたすら厳しくやり続けていたら誰だって潰れてしまう。選手たちの様子を見ながら「少し伸び伸びとやらせる」という手法も取るようになった。

基本的には手綱をギュッと締めながらも、ときにはフッと緩める。そうやってチームを作るようになり、8期生が主力となった1988年秋、県大会で初めて優勝することができた。選手との出会いも大きい。特にエースで四番の中村和雄紀は身長170センチちょっとで体は決して大きくなかったが、とにかく気持ちが強くて練習のときからチームをガンガン引っ張っていた。そこに周りの選手たちも刺激を受け、勢いに乗った。

春日部共栄にとってはここが1つ、大きな転機だったと言えるだろう。この年から秋は4年連続で関東大会出場。その流れの中で3度目の1990年秋に関東地区の5枠の中に入り、翌1991年春に初のセンバツ出場となったのだ。

最初に出た1988年秋の関東大会では初戦で横浜商大高（神奈川）に3対6。同校が準優勝したことや地域性もあってセンバツ補欠校となる。2度目は県3位で出場も、初戦は神奈川1位の横浜商業を延長11回の末に4対3で破り、次戦で太田一（茨城）が食中毒で棄権したためベスト4に入った。ただ、準決勝では東海大甲府（山梨）にコールド負け。県優勝の伊奈学園総合もベスト4に入っていたことや準々決勝が不戦勝だったことを踏まえ、2年連続で補欠校となった。センバツ補欠校には記念盾が送られるのだが、いくつ集めても甲子園に出場できるわけではない。だから3度目の秋は「三度目の正直だ」と言って発破をかけた。県大会で2回目の優勝を果たし、関東初戦の相手はまたもや横浜商大高だったが、今度は13対3の7回コールドで雪辱。続く準々決勝では桐生第一（群馬）に4対5で敗れたものの、それまでの戦いぶりを評価されてついに甲子園初出場が決まった。

　このあたりから、選手たちの意識は確実に高くなっていた。それまでは県内でも強豪が相手だと〝名前負け〟をすることもあり、私は「もう少し自分たちのチームに誇りを持って戦ってほしい」と思っていた。しかし、最初の県大会優勝以降はチームが勝つことにも慣れ、どんな相手でも関係なく戦えるようになった。さらに周りからも関東大会の常連として見られるようになり、今度は相手のほうが意識してくれることも増えた。この時期から「俺たちは春日部共栄なんだ」と胸を張って戦い、甲子園まであと一歩のところで負けた悔しさを心に刻んで次へ進んでいたような気がする。こうした意識の積み重ねこそが、いわゆる〝伝統〟なのだろう。

　一方でこれは私なりの感覚だが、この「4年連続」の期間でチャンスを全部逃していたら、春日部共栄の甲子園初出場はおそらくかなり後ろのほうまで長引いていたと思う。「あと一歩のところにずっといながら勝てそうで勝てない」というのが何度も続くと、逆に〝甲子園〟を意識しすぎてしまうからだ。そもそも、甲子園出場が懸かった秋や夏の戦いというのは何が大変か。勝ち進んでいくとだんだん〝甲子園〟が現実的に見えてきて、その想いの強さに押し潰されそうになる。監督も選手も硬くなったり浮き足立ったりして、普段の野球ができなくなってくるわけだ。したがって、先を見るのは本当に良くない。甲子園というのは目標であって、とにかく目の前の相手を全力で倒すことに集中した結果、自然とついてくるもの。監督はもちろん、トーナメント全体を見据えながら戦略的に選手起用や戦術を考えていくのだが、先を見すぎているとそれが選手たちにも伝わってしまう。たとえば明らかに投手を温存しているというのを選手に意識させてしまったら、試合では絶対に硬くなる。「あと一歩」を越えるには、いかに〝甲子園〟という言葉に潰されないように選手たちを導いてあげるかが大切だと思っている。

甲子園初出場を決めた10期生のチームには負けず嫌いが多かった。もともと県大会初優勝を見て集まってきた世代だから、モチベーションも高い。私が新チーム結成時に言ったのは「今までの先輩たちの悔しい想いを全部晴らそう。新人戦から全部優勝するぞ」。そしてその言葉通り、夏の新人戦から翌年の夏まで県内では無敗。秋春夏の県大会をすべて優勝する〝グランドスラム〟を私学で初めて達成した。

実力的にも、歴代で一番強いチームだったと思う。特に野手はキャプテンのショート・城石憲之（現ヤクルト二軍総合コーチ）、1学年下のセンター・櫺渕聡（現ヤクルトスカウトデスク）など、体が大きくて肩が強くて足も速いという能力の高い選手が揃っていた。練習試合でも負けたことはほとんどない。もともと選手を集めて勝とうとしているチームではないからこそ、「勝てるときにはきっちり勝ち切って流れを作らないといけない」と考え、勝利にこだわった。

センバツ1回戦の相手は四国王者の尽誠学園（香川）。私が高知県出身なので周りからは「四国のチームと当たるんじゃないか」などと言われ、まさしくその通りになった。長沼史朗に2本塁打が飛び出すなど10対3と勝利し、記念すべき甲子園1勝。2回戦では優勝した広陵（広島）に2対4で逆転負けを喫したが、初めての甲子園での戦いは本当に多くの人が喜んでくれて、学校の空気も大きく変わった。

センバツ後、春の県大会と関東大会でともに優勝した。当時、埼玉県では「春の優勝チームは夏の甲子園に行けない」と言われており、私が取材でポロッと「力があっても底力がないんじゃないですか」と話すと、その発言が新聞に出てしまう。これで夏も負けるわけにはいかなくなり、選手たちにも「底力をつけよう」と言ってチーム作りをもう一度見直した。迎えた夏の県大会は、準々決勝と準決勝でいずれもサヨナラ勝ち。決勝は春の県大会と関東大会でともに準優勝だった聖望学園がリベンジに燃えてきたが、終盤で逆転勝利。こうして春夏連続で甲子園出場を果たすことができた。

ポイントは「底力」だった。トーナメントを戦う上では先述した通り、アウトにできる打球で確実にアウトを取れる守備力、きっちりと先の塁を狙っていける走力、走者をしっかり進められるバントの3つが安定していなければ計算が立たない。その中でもチームの底力を生むのは何かと言うと、結局は守り。バッティングはタイミングの合わせ方やバットコントロールなどのセンスも問われるものだが、守備は鍛えれば大崩れしない。

では、そのためにはどうすれば良いのか。とにかく選手の意識を徹底することだ。野球の基本はキャッチボールだと言われるが、なぜ毎日やるのかと言うと、その積み重ねが大事だから。これをいい加減にしているようでは上手くならないし、チームも絶対に勝てない。重視してきたのは肩の強さとスローイングの正確性。特にごまかしが利かない遠投で左右へ逸れないようにコントロールをつけながら、とにかく相手に向かってきっちりと強いボールを投げられるようにする。もちろん筋力も重要なので、ウエイトトレーニングや体幹トレーニングなども必須になる。

またボール回しでは、相手がグラブを構えている顔の高さよりも上へ投げないことが大事。ちゃんと回るまで、平気で1時間以上もやり続けた。そして、走者をつけて試合形式でノック。特に若い頃は2～3時間ノックを打ちっ放しということもあったくらい、とにかく守備を徹底的に鍛えていた。

10期生のチームに関しては打撃力もしっかりと備えていたが、やはり守備力も非常に高かった。そこに不安要素がないからこそ、バッティングに集中していけるのだ。原幸一と青木康彦のバッテリーでコントロール良く打者を打ち取っていく。試合前ノックでは、外野手のバックホームを見て観客席から「おぉーっ」と歓声が上がっていた。また内野手のボール回しも、強い送球でパンパンパーンとすばやく回るからスキがない。当時、埼玉県では時間を掛けてダラダラとボール回しをしている光景がよく見られたが、私たちの守備を見てボール回しから見直すチームも増えていったものだ。

こうした野球観を身に付けられたのは、私が四国の高校野球を経験してきたことも大きい。高知高校でも岡本先生の守備練習への徹底ぶりは半端ではなく、ボール回しだけで1～2時間が経っていることもあった。現役時代のセンバツ優勝にしても結局は守り勝ちだ。さらに、四国にはもともと「四国四商（高松商業、松山商業、徳島商業、高知商業）」の野球が根付いている。大まかに言うと、守備では細かいところまでこだわって無駄な点をやらず、攻撃では足や小技を絡ませながらノーヒットで1点を取りにいくという、粘り強い野球。明徳義塾（高知）を率いる馬淵史郎さんなどもそうだが、四国の名将たちもやはり「守備力・走力・バント」は大事にしているイメージがある。

私が埼玉県に来たとき、メインとなる県営大宮公園野球場を見てビックリした。当時は打球が詰まってもサク越えが出るほどグラウンドが狭かったからだ。その後、改築して1992年から現在の広さになったのだが、それまではわりと大雑把にバットをガンガン振り回していくチームが多く、広い球場で試合をする場合はどうするつもりなのかと思った。ましてや、私は能力の高い選手を集めようとしているわけではなく、素材だけの勝負になってしまったら勝ち目はない。だからバッテリーを中心に内外野の守備からリズムを作り、攻撃では足と小技を絡めて細かい野球をしていくしかないな、と。

県で初優勝した秋、関東大会出場を懸けて準決勝で対戦した川口工業は、準々決勝で16対1と打線が爆発していた。しかし、私はエースの中村に「打たれてもいいから強気に行け！」と言ってインコース攻めを徹底させた。彼もそこに応えてくれて、球場が狭くても2対0で完封勝利。1つの細かいことにこだわり、相手を崩した典型的な成功例と言える。

「強制」から「自主性」への転換
紆余曲折を経て甲子園準優勝へ

　春夏連続で甲子園出場を果たすと、選手たちには自覚が芽生えるようになっていた。開校当時、選手に「お前たちの夢は何だ？」と訊くとすぐに「甲子園です」と返ってきた。ところが1991年以降はその答えが別のものに変わり、「甲子園は夢じゃなくて目標です」と。ぼんやりとした〝夢〟は、ハッキリとした〝目標〟に変えなければ実現できない。チームが実際に甲子園を経験したことで、こちらが何も言わなくても自主的に個人練習に取り組む選手がどんどん増えていった。

　このあたりから少しずつ、私は「強制」から「自主性」への転換をしていった。明確にどの時期かと言われると分からないが、開校から10年続けてようやく作った土台を一気にガラッと変えると、逆にまた何もなくなってしまう可能性もある。だから徐々に徐々に、気付かないうちに自然と色が変わっていくような感覚で転換を図った。

　私が意識していたのは、個々に合わせた指導をしていくことだ。この時期には選手の性格などを知りたいという想いから、たとえば血液型のことを調べたりもした。A型が多いといろいろなことを気にしすぎる傾向が強くなるため、チームにはB型とO型がある程度多くいたほうがいいとか、そういうことも頭に入れておいた。そしてやはり、しっかりと選手一人ひとりを見て判断していくこと。こちらが放っておいても自分で考えて練習できる選手は任せればいい。結局、誰かにやらされているうちは、本当に身になっているかというと難しい。ただ、いくら自主性重視と言っても、練習量が極端に少なくなるとなかなか成長のきっかけがつかめない。高校生はそもそも絶対的な経験が少ないわけで、練習量を積んだ中で経験値を高めていく必要がある。したがって、完全にすべてを任せた選手というのは少ない。基本的にはある程度の練習量を確保するための強制をして、「空いている時間をどう使うか」という部分を自主性に任せる。そんな感じだ。

とは言え、試合に出るのは選手であって、最終的に監督はやはり選手に任せるしかない。だからこそ、選手一人ひとりが野球をよく理解して自分たちで考えて動けるようにしていかなければならず、そのために普段からあらゆる場面を想定して練習する。試合開始までには準備がすべて終わっていて、あとは選手たちに任せて試合をするだけなのだ。そして、負けたら監督の責任。勝ったら選手のおかげ。これは45年間ずっと貫いていることで、私は夏の大会で負けたときには選手たちの前で「指導力が足りなかった。お前たちを鍛えることができなかった俺の責任だ」と言って必ず謝っている。

1993年。最初の夏の甲子園をスタンドで見ていた1年生たちが3年生となり、春日部共栄は夏の甲子園で準優勝することになる。

1991年秋は櫃渕を軸にして、県準優勝で関東大会出場。だが実は、翌1992年の秋はまさかの初戦敗退を喫した。ここから冬場にトレーニングを重ね、春には関西遠征を行った。さらに高知高校の1つ上のエースで、その後は社会人野球の住友金属で名投手となった同投手コーチの高橋修二さんを訪ね、投手育成のポイントも学んだ。土肥義弘－小林哲也という下級生バッテリーが成長し、迎えた春は県準優勝。決勝でも土肥が好投して、センバツ準優勝から帰ってきた大宮東に対してスコアは0対1だった。

ただ、私は物足りなさを感じていた。相手の控え投手に対して完封負け。それなのに選手たちからは満足している様子が見られたからだ。試合後には「ふざけるな。この試合は勝たなければダメだったんだ」と怒ったのだが、それでも跳ね返りがなく、ずっとモヤモヤしていた。

6月に入り、私は大きな賭けに出た。ある練習試合のときにこう言ったのだ。

「お前たちは大人しくて、力があってもそれを出せないからダメだ。この試合で負けたら

3年生はもう引退しろ」

そして試合に敗れ、私は「その考え方じゃ夏も大宮東に勝てない。お前たちはもう終わり」。そう言えば発奮して「やらせてください！」と来ると思った。ところが、何時間待っても選手たちが来ない。部室を覗きに行くと、彼らは本当にそのまま帰ってしまっていた。マズい、失敗した……。そう思った。

ただ、結果的にはこれが正解だった。

翌日、選手たちに話を訊くと「本当に引退だと思った」とのこと。やはり私の想いは伝わっていなかった。そして、彼らの気質に合わせて、今の指導を変える必要があるのではないかと感じた。

そこで私は3年生全員を集めてミーティングを行い、「俺は何を言われても怒らない。だから言いたいことを全部言え」と伝えた。すべてをグッと我慢して聞いていると、「ミスをして監督から怒られたときにこちらが何を言ってもまた怒られる。じゃあどうすればいいんですか」という意見が出た。認めてくれないことへの理不尽さを感じていたのだろう。そこで私は約束した。

「よし、分かった。じゃあ俺は明日からもういっさい怒らない。それは約束する」

さらに新事実が発覚する。実はその年からちょうど新しく寮が完成しており、寮生と通い組に分かれたことで2つのグループができてチームワークに歪みが生まれていたのだ。私はそこにまったく気付いていなかったので、おそらくこのミーティングがなかったらそのままチームは崩壊していたかもしれない。通い組から「キャプテンを代えてほしい」という要望が出たため、「自分たちで納得できるまでとことん話し合え」と言って私はその場を離れた。2時間ほど待たされただろうか。キャプテンの高橋正幸が「終わりました」と呼びに来て私が部室に戻ると、3年生は全員泣いていた。よっぽど腹を割って話し合ったのだろう。その涙を見て、私は「コイツら、ひょっとしたら上まで行けるかもしれない」と感じた。

夏は伸び伸びと戦い、力がどんどん発揮されていった。私から「怒らない」と約束されているから、練習でも試合でも羽根が生えたかのように思い切ってプレーするのだ。県大会準決勝では目標としていた大宮東が目の前で浦和学院に敗れたため、試合前に「目標のチームは負けたけど、我々は甲子園に行くのが目標だからな。いいか！」と喝を入れ、準決勝を7回コールド勝ち。決勝も浦和学院を5対2で破った。

甲子園では無欲だった。

「俺たちは夏の甲子園で校歌をまだ聴けていない。だから（1勝して）校歌を聴きに行こう」

そういう目標で戦っていたから当然、先などはまったく見ていない。「精一杯やったんだから試合で負けてもいいいや」と開き直り、甲子園では試合の前日になると「明日はどうせ勝てないから荷物をまとめておこう」と。そんな中でスルスルと勝ち上がり、気付けば決勝へ。ポテンシャルを感じるチームではあったが、強さというよりは勢いだったと思う。

甲子園の決勝というのは試合前にバッティング練習ができるなど雰囲気も違うものだが、選手たちの心は「負けて当然」なので気負いはなかった。ただ相手が地元・兵庫の育英だったため、私は前日に選手たちへこう伝えた。

「明日、ウチの応援はアルプススタンドの一角しかない。あとは全部育英の応援だからな。覚悟しておけよ」

現役時代、センバツ準決勝がやはり兵庫の報徳学園だったため、私は経験上からもそれが言えたのだ。そして、こう続けた。

「決勝で負けると〝負けの代表〟になるぞ。お前ら、負けの代表にはなるな。明日は勝とうな」

ミーティングが終わると岡本先生から電話が入り、「選手たちに『勝つぞ』ってちゃんと言ったか？」と訊かれた。〝負けの代表〟というのもまた現役時代の経験が生きたもの。全チームの中で最後の敗者になると〝負け〟のイメージを背負うことになってしまう。岡本先生からそう言われたことを覚えており、選手たちに伝えなければならないと思った。

試合は2対3で敗れた。初回に2点を失いながらも中盤で追いつき、8回の攻防が勝敗を分けたと言われる。2対2の8回表、一死一・三塁から私はヒッティングを指示して無得点。一方、育英はその裏に同じく一死一・三塁からスクイズで勝ち越した。「なぜスクイズを仕掛けなかったのか」とよく言われるが、そのときの判断に後悔はないし、その声を一つひとつ気にしていたら監督は務まらない。三番の遠藤誠はバントも巧いが、チーム内では一番良い打者であり、そのバットに賭けただけの話。選手たちを一番近くでずっと見てきた上で最善の策だと思ったし、もし得点していたら逆に何も言われなかっただろう。そして結果的に負けたわけだから、その局面がどうのこうのというよりも、そもそも試合全体を通して勝利に導けなかった監督の責任だと思っている。逆にその悔しさがあったからこそ、ずっと指導者を続けてこられたのだと思うし、あそこですんなり優勝していたらモチベーションを保てずに監督を早く降りていたかもしれない。

それよりも誇らしかったのは、試合後の選手たちの姿勢だ。敗れた直後、育英ナインが歓喜の輪を作っている中で、春日部共栄の選手たちは笑顔を見せながら彼らに拍手を送っていた。育英はキャプテンの安田聖寛選手が試合中に左ヒザを負傷するなど苦しんでいたこともあり、選手たちがみんな涙を流していた。勝者が泣き、敗者が拍手で相手を褒めるという光景は周りにビックリされたが、ここは私がこだわってきたところだ。

たとえば相手に対してヤジを飛ばすなど、リスペクトのない姿勢は昔から許さなかった。ヤジなどは何の役にも立たない。「そんなことよりも自分のチームを応援しなさい」と言ってきた。また失敗した後に現実を素直に受け入れず、言い訳をする人間は多い。だが、負けたときにどういう姿勢でいるのか。野球は一人のミスでチームが負けたりもするものだが、そこで「アイツがあそこでミスさえしていなければ」という声が出るようなチームは作りたくなかった。

「アイツがエラーしたのなら仕方ない」

「アイツが打たれたのなら仕方ない」

そう思われるくらいの練習を各自がやりなさいと伝えてきたし、やることをやって結果がダメでも仕方ないよね、と。一人のスーパースターを作るために野球をやっているわけではないし、一人を責めるような野球は絶対にやらない。そう誓ってきた。すべては過去であり、いくら悔やんだとしても事実を変えられるわけではないのだ。そして大きなミスを話題にするとしたら、卒業して何年か経ってみんなで顔を合わせたとき、酒のツマミの笑い話としてネタにされる。それくらいがちょうど良いのではないか。

いずれにしても、選手たちが勝者をしっかりと称えられる敗者であったことは、あの夏で一番嬉しかったことだ。

流れをつかみ2度目の春夏連続出場
中学の軟式野球部を大事にした意味

甲子園準優勝の後も土肥と小林が残り、控え投手で本柳和也（元オリックス）も台頭して県大会では秋優勝、春夏準優勝。さらに小林宏之（元ロッテほか）が入学し、春日部共栄は流れに乗っていった感がある。そして、本気で日本一を狙ったチーム。それが春夏甲子園出場を果たす1997年の世代だった。

サイドスロー右腕の長峯悟、キャッチャーの岡田新二、白見祐司と大久保塁の二遊間、

1993年夏の甲子園決勝で育英に惜敗した春日部共栄ナイン。試合後、悔しい気持ちがありながらも相手を称えることができた姿には、本多監督の指導が表れていた

コンピュータの
KYOEI
KYOEI
KYOEI

サードの増田剛……戦力はしっかり整っていた。秋は県大会と関東大会を制し、明治神宮大会でも準優勝。「東の横綱」と言われて臨んだセンバツではベスト8、夏の甲子園はベスト16。いずれも最後は守備が乱れて敗れてしまったが、チーム力はかなり高かった。

この世代のポイントは1つ上の小林が抜けた投手陣で、長峯がその穴にハマったのだが、彼には背番号1を与えなかった。積極的に練習するタイプではなく、たびたび手を抜くこともあったからだ。エースナンバーを着けさせたのは、取り組む姿勢が抜群で信頼度の高い高藤恒宏。これも私がこだわってきた部分だ。長峯にはあえて厳しく接し、夏の直前に練習試合で打ち込まれると「明日からお前は会話禁止。周りのヤツも話しかけるなよ」。そう言って孤独にさせ、自分を見つめ直すように促した。夏の県大会では準々決勝から登板し、準決勝、決勝と力投。ここで彼は「ようやくチームの一員になれたと思います」と言っていた。

さて、ここまで1990年代の5度の甲子園出場に触れてきたが、実は1991年世代ではスタメン9人中6人が軟式野球の出身だった。また1993年世代では5人、1997年世代では4人。さらに言うと、春日部共栄の計8度の甲子園出場の世代のうちエースナンバーを着けた投手は8人中5人、正捕手は8人中7人が中学時代に軟式野球をしていた。私が深く交流をしてきた中学校の先生方は、ほとんどが軟式野球部の顧問だ。当初からとにかく情熱に溢れていたが、その人たちが軒並み校長や教頭になっているから、やはり指導力もある人たちなのだと思う。

中学校の軟式野球部を大事にしてきたことは地元から愛されるという点でも重要だが、今思えば他にも良い部分があった。情熱と指導力のある先生方に厳しく鍛えられている子だからこそ、私にビシッと叱られてもへっちゃら。メンタル面がタフなのだ。そして、チームというものをしっかりと理解している。決して、硬式チームがダメだと言っているわけではない。ただ中学の軟式野球部というのは教育の一環という意味合いが強いため、「自分さえ良ければそれで良い」という発想にはなりにくいということだ。

逆に中学時代、個人の技術をとにかくレベルアップさせることに特化してきた選手というのは、周りのことになかなか目を向けにくい。たとえばグラウンド整備や道具の管理を保護者がやってくれていたから、自分では全然できなかったり。手を差し伸べて子どもたちをサポートする時代なのかもしれないが、せめて自分のことは自分でやらせなければ子どもたちはいつまで経っても自立できない。

また1つビックリするのは、新入生が入ってきてまずキャッチボールをやらせたとき、悪送球やワンバウンドの難しいボールを投げたのにもかかわらず、まったく謝らない子がいるということ。相手は必死に止めようとしているのに、何も言わないのだ。このケースでも軟式野球部出身の子は必ず謝っている。野球が上手いかどうかよりも、そういう部分こそが大事だと思う。

近年は中学校の部活動を地域で担う動きが始まり、どんどんクラブチーム化が進んでいく流れになっているが、私も軟式野球部出身であり、大事なことを教育してくれていた軟式野球部という文化が廃れていくのはすごく寂しい。完全なボランティアではなかなか成り手がいなくなってしまうので、制度の改革も考えながら、やはり教育者がしっかりと子どもたちを自立へ導ける世の中であってほしいと思っている。

たびたび繰り返すが、私がずっと心掛けてきたのは野球を通した人間形成だ。では、なぜ「甲子園出場」にこだわるのか。それは、ハッキリとした目標を持つことが成長につながるからだ。

甲子園という目標を掲げ、そこに到達するために一日一日を過ごす。甲子園までの近道はなく、階段を2つ飛ばして進むことはできない。自分で目標を立て、そこから目を逸らさずに頑張って1歩ずつ進み続けられるかどうか。それが一番大事なことであり、そういう習慣を身に付けられた時点でもう成功だと思っているので、実際に甲子園へ出られたかどうかはあまり重要ではない。

私自身は現役時代に全国制覇をしているが、同級生に恵まれただけであって、決して一人で成し遂げたことではない。だから偉いわけでも何でもない。ただし実際に甲子園に行ってみなければ、甲子園の良さは分からない。目標にしていたものがどんなところなのか、自分で目標を達成して確かめることができれば、それはすごく良い経験になると思っている。たとえば仕事でも、まったくキャリアのない人にアドバイスをされたところで、その人も経験したことがないわけだから信憑性はないだろう。それと同じで、私の場合は選手としても監督としても甲子園を経験し、決勝の舞台も経験している。だからそれを選手たちに伝えることができる、というだけの話だ。

そして、選手たちには甲子園のグラウンドに立ったときの雰囲気をぜひ味わわせてあげたい。もちろん、自分自身が「また行きたい」と思うことも重要だ。最初から「過程が大事だから甲子園はどうでもいい」と思っている指導者の後ろを選手はついていくはずがない。自分の中でどういう目的を持つか。私の場合は、春日部共栄というチームで育った選手たちを全国のみなさんに見てもらいたい。そういう想いで甲子園を目指してきた。

「時代」ではなく「気質」に合わせ選手によって褒め方や怒り方を変える

前にも述べたが、高校3年間だけで子どもたちの性格を変えることはできない。ただ、この15歳から18歳までの期間というのは、義務教育が終わった子どもが大人になっていくための重要な期間だと思っている。ここで少し大人になって卒業していくのか、それとも子どものまま卒業していくのか。ここで自分というものをしっかり持ち、悪い方向へ流されずにしっかりと自分で考えて行動できる人間になれるかどうかが肝心だ。

そして野球部の選手というのは、その大事な3年間にずっとグラウンドで野球をやっている。ただ、それは誰かにやらされているわけではなく、自分で決めたこと。ならばその野球を通して、いろいろなことを学んでほしい。私はよく「いろんなものがグラウンドに落ちているんだからどんどん拾っていけ」と言うが、将来につながるものを得られないのであればグラウンドに来ている意味はない。高校野球は将来のための人間作りであり、教育の一環なのだ。

　幸い、野球は人生そのもののようなスポーツだ。たとえば、自分が打ちたくてもチームのために送りバントをしなければならないケースもあるが、社会に出たら人のために動かなければならないことも多いので、人を助け、人に助けられることの大切さを実感することができる。だから私は、自分さえ良ければそれでいいという態度が見えた選手には「個人競技に行け。合ってないよ」とハッキリ言う。

　昨今の話になるが、チームでやることが大切な競技だからこそ、2020年から始まったコロナ禍にはかなり苦しめられた。春日部共栄の場合は当時、私立校でありながら公立校と同じ基準に則って活動したため、自粛期間は3〜4か月。もちろんその間に各自が自主練習を積んでいて、技量を高めてグラウンドへ帰ってきた選手もいる。ただ、私たちは野球の技術だけ高めることを求めているわけではなく、チームとして戦うことを重視している。大会に備えてそのときだけパッと集まり、ちょっと練習をして試合に臨んだところで、チームワークの部分は育たない。やはり、高校野球はみんなで一緒に練習してナンボの世界。内外野の連係プレーもそうだし、投手と捕手の配球の組み立てなどもそう。普段一緒に過ごしているからお互いの良さが分かり、呼吸が合ってくるのだ。

　そう考えると、コロナ禍が直撃した世代は可哀想だった。ただ、だからと言って現在の指導で何か特別に変えてきたことがあるかと言うと、何もない。コロナ禍を過ごし、みんなで何か1つのことに取り組む機会が失われたから心が育っていない。これは多くの人が感じていることだろう。ならば、その分だけ心を育ててあげればいい。コロナ禍もすでに〝過去〟であり、大事なのは〝今〟なのだ。要は、大人が変に気を遣って今まで以上に寄り添うのではなく、あくまでも目の前の子どもたちを見て、どうやって鍛えていけばいいかを常に考えればいい。私はそう考えてきた。

結局、「コロナ禍のせいで子どもたちがこうなっている」というのも、「だからそれを鍛えられないのは仕方ない」という大人側の言い訳だと思う。大事なものはコロナ禍だろうとその前後だろうと何も変わらない。現状を見て子どもたちの心が育っていないのであれば大人が育てればいいし、子どもたちもグラウンドや学校で必死に今を頑張ればいいんだと。

なぜそういう感覚になるのかと言うと、私自身、小学校のときにはいっさい野球をせず、中学校から野球を始めているというのが大きい。経験値がないとかそんなものは関係なく、実際に中学校の野球部に入ったのだから、とにかくそこで頑張るだけだと思っていた。

また指導の観点で言うと、よくアップデートすることが大事だと言われるが、私は「時代に合わせる」という感覚はなかった。言葉で表すと、選手を見て「気質に合わせる」だ。親の育て方がだんだん変わってきたということを把握しながらも、「今の時代はこうだから」と周りの流れに合わせるのではなく、目の前の選手たちを見て「ちょっと最近はこうなっているな。じゃあこうしたほうが良いかな」と合わせていくわけだ。

だから来た選手によって1年ごとに、やり方は少しずつ変わっていく。たとえば接し方1つにしても、「少々強く怒っても構わないな」というような年代もあれば、「怒るとすぐに委縮して力が出なくなるから伸び伸びやらせたほうがいいな」という年代もある。昔は「いいから黙って俺についてこい」の一辺倒だったが、近年はチームによって、さらには選手一人ひとりによって接し方を変えてきた。

私は「褒めて伸ばす」という手法も使うが、基本的には周りに分からないように褒めていくことが多かった。分かりやすく褒めてばかりいると、他の選手に「俺のことはいつも怒るくせになんでアイツには甘いんだ」と思われることが増えてしまうからだ。その子自身を伸ばしてあげることが目的なのであれば、個別に呼んで「おう、最近よくやってるじゃないか」とこっそり褒めたり、あるいはたまたま近くにいるときにポロッと何気なく褒めたりしていた。ただ、逆にみんなの前で大袈裟に褒めることもある。たとえばレギュラー陣が不甲斐ないとき、控えメンバーの中ですごく一生懸命にやっている選手がいたとしたら、「コイツはここがすごいじゃないか。チームで一番だぞ」。そうやって本人にも周りにも刺激を与えていくのだ。

一方、「叱って伸ばす」という手法も大切だと思っている。私は怒るときには心を据えて、もうメチャクチャ一生懸命に怒ってきた。なぜなら、適度に怒っても本人には伝わらないからだ。何も伝わらない怒り方であれば、ただの怒り損。どうしても伝えなきゃいけないから怒っているわけで、本気じゃないと意味がない。だから卒業生たちに訊くと、「監督より怖い人は見たことがない」と言う。今の子どもたちは普段怒られることに慣れていない分、簡単に泣いたりもするが、それは突き刺さっているという証拠。褒め方にしても怒り方にしても真剣に。中途半端は一番良くないと思っている。

最終的には、目標に向かって何があっても挫けずに頑張る人間になってほしい。そして言い訳をせず、自分をしっかりと持ってリーダーシップを取れる。そんな人間を社会に送り出していくことが私のこだわりだ。

第4章

文武両道

最後まで諦めない姿勢が奇跡を生んだ2005年と2014年の逆転劇

1990年代にチームは波に乗り、私の指導は少しずつ「強制」から「自主性」へと変わっていった。そして、このタイミングで学校側が偏差値を上げていったことで学力レベルが高まり、野球部に入ってくる選手の傾向も変わってきた。甲子園出場だけでなく、大学進学に対しても高いモチベーションを持つ子が増えたのだ。私も文武両道をハッキリと打ち出すようにしたが、「文武〝両道〟」ではなく「文武〝平等〟」という言葉を意識した。野球と勉強、両方の道をただ進むだけでなく、どちらに対しても同じように全力で取り組んでほしかったからだ。

学力というのは取り組む姿勢によってある程度高められるもの。つまり〝学力が高い子〟は理解力が高いのはもちろんだが、目の前のものに対してひたむきに頑張れるということでもある。だから学校生活や私生活、先輩後輩の上下関係によるいざこざとか、そういった野球以外の部分での苦労は確実に減った。一方で入試のハードルが上がったため、いくら野球の実力が高くてもなかなか選手が入れない学校になっていった。

しかし、だからと言って「入ってきた選手を鍛えて甲子園に行く」という目標は変わらない。実際、２０００年代以降は甲子園出場のペースが落ちたが、文武両道の進学校を目標にしてやってきたのだから悔いなどはまったくない。今も昔も「春日部共栄で野球がやりたい」という想いを抱いて入ってくる子はたくさんいるわけで、グラウンドで真面目に取り組む子がどんどん増えてきた様子を見ていると、やはり「子どもたちが一生懸命にやっているんだからそれに負けちゃいけないな」と思って情熱が湧いてくる。昔はとにかく私が選手たちを引っ張っていたが、選手たちの想いが私を引っ張るようになっていったのだと思う。

そして、さまざまな選手と出会っていく中で、大きなチャンスを迎えた年も何度かあった。

その１つが２０００年夏のチーム。エースの中里篤史（現・巨人スコアラー）を中心に守備がとにかく堅かった。秋は県大会決勝で埼玉栄に０対１、関東大会１回戦では翌春センバツ優勝の東海大相模に１対２でともにサヨナラ負け。春は県優勝で関東ベスト４。夏は県決勝で浦和学院に延長10回１対２でサヨナラ負け。相手の坂元弥太郎投手（元ヤクルトほか）との投げ合いは県内でも名勝負と言われており、甲子園出場こそ逃したが力のあるチームだったと思っている。

そこから甲子園に出ることができたのは3度だ。2019年春に関しては私が指揮を執ることはできなかったが、2005年夏と2014年夏はどちらも強く印象に残っている。

2005年夏は決して力のあるチームではなかった。結果的にはキャプテンで捕手の靍岡賢二郎、2年生エースの大竹秀義（現・巨人打撃投手）、1年生スラッガーの斉藤彰吾（元・西武）と3人がプロ入りしているのだが、主力に下級生が多く、スタメンに名を連ねる3年生は4～5人。また後ほど触れるが、その前年には部内で不祥事が起こっており、精神面でも大きなショックを受けて揺れていた世代だった。気持ちだけでも強くさせて、思い切り野球をやらせてあげなければならない。私はそう考え、4月から夏の大会直前の7月まで毎日、練習後に全部員を集めて付きっきりでメンタルトレーニングを行った。

その効果がどれほどあったのか、実際には分からないが、彼らは確実に精神的に強くなった。そして、夏に奇跡的な試合を演じた。

埼玉栄との県大会決勝。大会期間中に大竹がヒジを痛めたため、投手陣は3年生の今井貴一を抑え役にして1年生の難波剛太に先発マウンドを任せるしかないという苦しい状況だった。試合は1対4で9回表の二死一塁となり、「あと一死」まで追い込まれる。ただ、それでも選手たちはニコニコと笑顔を見せながら戦っていた。最終回に入ったとき、私は「何とか（四番の）鶴岡まで回せ。そうしたら面白いぞ」と言ったのだが、二番の前田太一、三番の井上拓哉がつなぎ、二死満塁で本当に鶴岡まで打席が回ってきた。そして右中間へ弾き返し、走者一掃の三塁打で一気に同点。さらに五番の射手矢大輔も勝ち越しのタイムリー二塁打を放ち、9回裏を今井が締めて5対4。大逆転勝利で甲子園出場を決めた。

子どもたちの粘り強さに私は本当に感動した。二死一塁になってからは全員がカウント2ストライクまで追い込まれたのだが、「あと1球」からが全然アウトにならないのだ。思わず鳥肌が立ったのを覚えている。また二死満塁のとき、相手がタイムを取ったので鶴岡の顔を見ると、少し緊張していた。その日は満塁のチャンスで凡退もしていたから気持ちが入りすぎていたのだろう。私が「楽しんでこい」と声を掛けると、ハッと顔色が変わっていつもの表情で打席に向かっていった。究極の場面では結局、監督は選手に任せるしかない。「こういう意識で」とか「こういうボールを狙って」などと具体的な指示を出すと逆に考えすぎて硬くなってしまうだろうから、とにかく選手のメンタルを大事にして「楽しんでこい」。試合でのアドバイスというのは、そういう言葉のほうが良いのかもしれないと実感した。

甲子園では1回戦で大阪桐蔭と当たって敗れた。相手は優勝候補筆頭でエース左腕の辻内崇伸投手（元・巨人）、主砲の平田良介選手（現・中日二軍コーチ）、投打で騒がれた1年生の中田翔選手（現・中日）らがいるすごいチームだった。それでも「お前たちは低めの150キロを打つんだぞ」と対策をし、実際に辻内投手を降ろしてスコアは7対9。県大会からそのまま一気に勢いに乗っており、改めて選手たちのすごさを感じた。甲子園歴代最多勝利を誇る同校の西谷浩一監督は甲子園1勝目となったあの試合を「忘れられない」と言っていたが、私にとってもあの夏は忘れることができない。

2014年夏もまた、県大会決勝は劣勢だった。市立川越に1対2とリードを許したまま8回裏の攻撃を迎えるのだが、本来なら流れを失ってもおかしくなかったと思う。ただ選手たちが失敗にもめげず、ことごとく挽回した。無死一塁から六番の金子大地が2球連続でバントをファウルにするも、そこからヒットでつなぐ。次打者がバントを失敗するも、キャプテンの八番・小林慎太郎がやはりヒット。満塁から九番・高野凌治の犠飛で同点に追い付き、死球を経て二死満塁から二番・佐野尚輝のセンター前2点タイムリーで勝ち越した。さらに三番・守屋元気、四番・原田寛樹も連続タイムリーで一挙6得点。7対2で勝って優勝した。

なぜ負けなかったのか。大事なのは開き直って常に前を向くこと。そして、「とにかく最後まで諦めない」ということだと思う。口で言うのは簡単だが、普段からいかにその姿勢を徹底できているか。練習のときから「こういうことをしたら試合展開が苦しくなってしまうぞ」というプレーに対して「それはダメだろう」とみんなで言い合う雰囲気を作り、それをチームに当たり前のこととして浸透させる。「もういいや」とすぐに妥協するようなことをしていたら、試合でもやはり粘り強さは出てこないと思う。

このチームも、甲子園で大きな力を発揮した。

1回戦は開会式直後の開幕戦。センバツ優勝の龍谷大平安（京都）に5対1で勝つことができた。負けたところで「仕方ない」と思える相手であり、とにかく伸び伸びと戦って楽しめばいい。そんな心構えで臨めていたと思う。

私はこの試合前にミーティングを行い、「ジャンケンで勝ったら絶対に先攻を取れ。あとは今まで通りに笑顔で試合をしよう」と伝えていた。相手は春に日本一を経験しているが、夏の甲子園というのは雰囲気がまったく違うものだ。春夏連覇が懸かっているチームだからこそ初戦は意識するものだし、まして開会式直後に試合をするのであれば、初回は絶対に緊張感があるはず。その立ち上がりを一気に叩いていこう、と。

2014年夏の甲子園1回戦では、同春のセンバツを制した龍谷大平安に勝利。普段の練習から妥協しない姿勢が、試合にも表れた

キャプテンの小林はジャンケンで勝ちながらも緊張して「後攻で……」と言ってしまったらしく、立ち会っていた部長が「いやいや、違うだろう」と言って訂正。相手からすれば「何で?」と思ったかもしれないが、私たちは予定通りに先攻を取り、初回で一気に5点を取ることができた。エース左腕の金子も調整が上手くいって、1失点で完投。やはり高校野球というのは高校生がやるスポーツであり、メンタルがすごく大切な要素だと思っている。

いかに子どもの心を立て直していくか 過去の不祥事とメンタルトレーニング

チーム作りにおいては、「この時期には練習の強度を上げて苦しいところを乗り越えさせる」とか「この時期にはいったん休ませる」といった調節をすることがある。ただ、これはあくまでも体力的な部分の話であって、選手たちに特大の雷を落としてメンタル面をどん底まで下げてから一気に上げていく、といった手法はすごく難しい。1993年夏のチームではたまたま結果的に成功したが、これに味を占めて毎年やっていても「また始まったぞ」と恒例行事のように思われ、選手たちには響かないだろう。まして今の時代、そのやり方ではそもそも選手たちがついてこない。いかに自発的にやる気を出させていくかが勝負だと思う。

2005年に行ったメンタルトレーニングについても同じだ。あのときは選手たちの状況を考えて採り入れたが、春日部共栄の名物のように形を残してしまうのは良くない。そこに頼れば惰性になるので、たとえやるとしても忘れた頃にやらなければ効果はないと思っていた。もっと言うと、普段の練習や生活が自然とメンタルトレーニングになっているようでなければ意味がないのだ。繰り返しになるが、親から15年間育てられてきた子どもの性格をたった3年間で変えることはできない。昔は私も「性格を丸ごと変えてやるぞ」と意気込んでいたが、相当難しい。しかし、子どもの人格や行動などは変えることができる。子どもたちが目の前の一日を全力で取り組むようにして、それを積み重ねていくことが一番大事だと思っている。

私がメンタルトレーニングを採り入れる必要性を感じたのは2005年。このときは特別な事情があった。

2004年の春、下級生部員の1人が逮捕される事件があった。性犯罪だったので私たち指導者が手の届くところにはもうおらず、学校も辞めるしかない。当時のチームは秋春と2季連続で県大会を制しており、事件はチームが春の関東大会に出ている最中のこと。まさかの出来事で、私は何も考えられなかった。グラウンドではとにかく一生懸命、真面目に練習に取り組んでいる子だったのだ。グラウンドを離れて事件を起こすとは想像もせず、誰もがビックリしていた。

当時、保護者を集めて私はこう言った。

「どんなことがあっても私は子どもたちを助けてあげたいと思っています。今こういう状況になっているけど、もしどこかで許されるときが来るのであれば、そのときは彼を学校に戻してあげたい」

もちろん許されないのは重々承知だが、基本的には1つのことだけで将来の可能性を全部潰してしまいたくはないし、しっかり償った後は立ち直ってほしい。保護者の中には「そこまで考えてくれているのか」と涙を流している人もいたが、一人ひとりの人生を簡単に終わらせたくはないというのが私の想いだ。

他の選手は何も悪くないということで、厳重注意を受けながらも夏の大会には出ることができた。ただ影響はあったと思うし、周りからも散々叩かれた。結局は県大会3回戦で敗退。秋の関東ベスト8、春の関東準優勝と力があっただけに、当時の部員たち、特に3年生には本当に申し訳なかったと思っている。すぐに立て直し、この雰囲気を一掃しなければならない。選手がいるのだから挫けている場合ではない。そんな気持ちで新チームを作り、翌年の春から夏にかけてメンタルトレーニングを採り入れたのだ。

なお、私たちに限らず、高校野球の場合は特に不祥事がメディアに大きく取り上げられることが多い。なぜそこまで報道するんだろうかという想いもあり、いろいろな人に話を聞いてみると、やはり「甲子園」というものの影響力が大きいからだという。だからこそ、人に迷惑をかけるようなことは絶対にあってはならない。それを深く再認識させられた。

振り返れば私の高校3年春、センバツに選ばれた九州大会王者の門司工業（福岡、現・豊国学園）が開会式当日に出場辞退となっている。原因は、野球部とはまったく無関係の生徒が事件を起こしたこと。当時のセンバツでは「そのチームが選ばれた」ではなく、あくまでも「その学校が選ばれた」という認識が当たり前だった。それだけ「甲子園」は大きな存在とされてきたのだ。

では、教育に携わる者としては普段どうすれば良いのか。昔はチーム内で何かちょっとした問題があると連帯責任にしたり、また大人が手を出して反省させることで済ませていたわけだが、今はそういう時代でもない。

実際のところ、学校教育だけでは難しい部分もある。人間はその場面に合わせて見せる顔が違うこともあり、学校やグラウンドだけですべてを見抜くことは難しい。だからと言って一年中、朝から晩まで毎日管理するわけにもいかない。したがって、親の協力も必要になる。もちろん、大前提としては本人の意思の問題だ。たとえば集団で酒やタバコをしていたとか、いじめがあったとか、そうやって団体で問題を起こしていた場合は「指導者が見落としていた」「指導が良くない」と思われても仕方ない。しかし、特に性癖や盗癖といった個人の「癖」は、指導者や親が考えてもどうしようもない。私が経験したように「俺たちが知っているアイツとは全然違う」「まさかアイツが」というケースも多いと思うのだ。あるいは大人でも、普段は真面目なのにお酒を飲むと豹変する人がいたりする。そういうことは一般社会でもよくあるだろう。

ただし、子どもが何か問題を起こしたときに「もともとそういう人間で、こちらが知らない一面も持っているんだ」と思えば、気持ちとしては冷静に受け入れられる。そして本人の性格そのものは否定せず、とにかくその行動だけは直すように何度も訴えていくしかない。同じ過ちを2度行ったら当然アウトだが、立ち直れるチャンスだけは作っておきたい。そうすれば本人が反省していつかどこかで許されたとき、感謝して頑張れるんじゃないのかという想いは抱いている。

2005年に採り入れたメンタルトレーニング。その内容はどういうものかと言うと、私が昔、専門の会社から「マイナス思考をプラス思考へ変えていく」というテーマの教材を購入していたので、それを使ってトレーニングをした。1本につき30〜40分ほどのテープがレッスン1〜10まで10本あり、それを文字に起こした紙もある。1日1本、まずはレッスン1からテープを流して聴かせながら目で文字も追わせていくのだ。ただし、人間は同じことを6回やらないと頭に入らないということで、レッスン1だけで6日間かかる。必然的にレッスン10までやろうとすると丸60日かかるため、休日なども考えると4月からやらなければ間に合わない。

またスタートが強制になってしまうのはダメなので、とりあえず全員を部屋に集めてテープを流し、寝ている選手なども放っておく。すると本人が自分で気付き、2回目以降はちゃんと起きて聴くようになる。さらに、聴き終わったら各自で気付いたことをメモしたり、目標を書いたり、自己評価シートを記入したり。面白いのは選手が書いている内容が毎回変化していくことで、自己評価の点数もだんだん上がっていく。

さらに、別の取り組みとしては少人数のグループを作り、たとえば6人グループだとしたら1人の選手に対して周りの5人が客観的に良いところと悪いところを順番に言っていく。それを本人がノートに書いていく。事前に「頭に来ることを言われるかもしれないけど、そういうトレーニングだからしっかり受け止めろよ」と言っており、選手は自分がどういうふうに見られているのか、どの部分が足りないのかということを自覚していくわけだ。そして、逆に良いことも言ってもらえるから自信も芽生えてくる。

このトレーニングは、実はもともと私が自分で勉強するために始めたものだ。監督になって数年が経ったとき、数十万円のローンを組んで教材を自腹で買った。きっかけはその分野の専門の人と出会ったとき。目標設定のための「先生はなぜ甲子園に行かないといけないんですか」といった質問に、私はハッキリと答えられなかった。それがすごく悔しかった。高校野球をやっていれば当然、目指すのは甲子園だろうと思っていたのだ。しかし、「人間というのは目的がないと動かないですよ」と。そこで、もっと自分が勉強しなきゃいけないと思ったのだ。

チームへ帰って選手たちに「何で甲子園に行きたいんだ」と訊ねると、やはり答えはぼんやりとしていた。目的はもっと明確にしなければならない。そういう想いで私はトレーニングに励んだ。そして「なぜ甲子園に行くのか」という部分に対しては、ハッキリと答えを見つけた。

「埼玉県に春日部共栄という高校が新しくできた。そこでは毎日、子どもたちが一生懸命に練習して甲子園を目指している。そんな努力の成果を全国の人たちに見てもらいたい」

この意識が明確になったことで、私の指導方針の柱もブレなくなった。

その後、1991年に甲子園初出場を果たしたが、1993年の甲子園準優勝後にはまた自問自答するようになった。ある程度、結果を残した後の自分というのはどうやって持っていけばいいのか。指導者としてもっと懐を深くするにはどうすればいいのか、と。そこでまた新しい教材を買い、自分でトレーニング。最終的に3種類のテープを購入したのだが、指導者として心の持ちようを勉強してきたことはすごく大きかった。

自分自身を見つめ直した2019年
謹慎による教訓と復帰後の指導方針

2019年春、春日部共栄は通算8度目の甲子園出場を果たした。ただし、ベンチで指揮を執ったのは当時の植竹幸一部長（現監督）。私は同年1月中旬から4か月間の謹慎処分を受けていた。センバツ1回戦では高松商業（香川）に0対8で完敗。選手たちをはじめ、チームに迷惑をかけてしまったことは本当に心苦しかったし、申し訳なかったと思っている。

発端は2018年の春だった。練習試合で見逃し三振をした選手数人に対し、私は手を出した。三振したこと自体が頭にきたわけではない。それ以前から試合で消極的な姿勢を見せ、何度も同じことを繰り返していたからだ。結果が出なくても構わないが、最初から気持ちを出そうとしないのはどうなのか。みんなの代表として試合に出ているのだから、ベンチに入れない選手たちの気持ちを少しは考えたらどうなんだ、と。

どんな理由があっても体罰はダメだというのは分かっている。それでも葛藤があった。やはり中途半端な姿勢を許すわけにはいかない。このタイミングで何か手を打たなかったら、本人たちもチームもそのままダメになってしまうのではないか……。

手を出した後、すぐに彼らの親のところへ行って謝罪した。これでもし辞めることになっても仕方ない。そういう覚悟もできていた。すると「いや、もう全然問題ないですよ」。やってしまったことは変わらないため、「報告して表に出します」と言うとそれも止められた。振り返れば、昔から保護者にはすごく恵まれてきたと思う。私の想いを理解し、「ウチの子が悪いんでどんどん鍛えてください」と言ってくる親もいたくらいだ。本人たちも「自分が悪かった」と反省しており、問題は当事者間でしっかり解決できたと思っていた。

その後、世代が代わって秋には村田賢一（現ソフトバンク）と石﨑聖太郎のバッテリーを軸に県大会優勝、関東大会準優勝。翌春のセンバツ出場を有力視された状態で年末を迎える。

ところが、だ。もともと部内の上下関係の問題を調べるために設置されていた第三者委員会があったのだが、選手たちへの定期的な聞き取り調査が行われる中で、年末になってその件が表に出た。発覚したものはすべて学校と県高野連に報告するので当然、初耳だということになる。それを受けて年明けに報道があり、ちょうどセンバツ出場校の発表を控えた時期で大きな騒ぎになった。

謹慎中は大好きな野球ができず、選手たちの甲子園での戦いもテレビで見守ることしかできなかった。そんな期間を経て、もう二度と手を出すことはしないと誓った。また、さまざまな人から連絡が入ったが、自分自身を見つめ直すためにも基本的に電話には出なかった。私が応じたのは2人だけ。1人は私を心配して連絡してくれた恩師の岡本先生。そしてもう1人は新聞での発表があった次の日、朝一番に電話をくれた髙嶋仁さん（元・智弁和歌山高校監督ほか）だ。私にとっては日体大の大先輩。髙嶋さんも過去に謹慎処分を受けたことがあり、その経験談などを語ってくれたことはすごく参考になった。

謹慎が明けた5月中旬以降も、私は自粛を続けた。学校側との面談によって復帰の方向で話は進んでいたが、それはあくまでも大人が決めたこと。選手たちに必要とされていないのであれば戻る意味はない。キャプテンの石﨑には「この夏は本当に俺で良いのか？みんなに聞いてほしい」と伝えた。そして返事を待つと、「本多監督と一緒に戦いたいです」。私は選手たちの前で「本当に申し訳なかった」と頭を下げて謝罪。6月中旬に復帰し、彼らと夏を戦うことができた。

それ以降、私は当然ながら一度も手を出すことはなく、選手の体にさえ触れていない。とにかく、いろいろな人に迷惑をかけることはもうしたくなかった。とは言え、指導方針が大きく変わるわけではない。良いものは良いし、悪いものは悪い。そこはブレなかった。「手を出す」というやり方をなくしただけで、じゃあどういう方法で選手たちにアプローチしていくかということを考えていった。

体罰は良くない。ただ、どうしても許してはいけないことが起こった場合に他の形で何かしらの罰を与えなければ、子どもは本気になって考えない。昔は世の中でも体罰が当たり前の時代があったが、それはおそらく、やられたら向かっていく子どもが多かったからだと思う。手を出されたときに「悔しい」という感情がまず生まれ、そこから頑張ろうとするから成長していたのではないか。ということは、今の子どもたちに体罰はダメだとしても、感情が動くやり方、心に響くやり方はしなければならない。「言葉で導く」などと言われたりもするが、それだけで育てるのはすごく難しいと思う。

じゃあどうするのかと言うと、好きなものを奪うしかないと思う。つまり、野球が好きで野球部に入っているのだから、練習に出られないようにする。あるいは本人だけ別メニューにする。厳しく接すること自体を体罰だと言われてしまったらもうどうしようもないが、とにかく選手の心に訴えかけて「考え方が良くないんだよ」と気付かせていくようにするしかない。

私がこれまで絶対許さずに怒ってきたことというのは、最初のうちはやはり学校生活や私生活のだらしなさ。ただ、ここは進学校になってから大きく減っていった。そして野球に関して言うと、中途半端なプレーをしたり、最初から気持ちで負けているという姿勢が見られたとき。せっかく毎日練習しているのだから、ミスを怖がって気持ちが引いていたらもったいないじゃないかと。私たちは普段から「教育」をしているのであって、大事なのはその場で起こったことではなく、その後にその子がどうなっていったのかという結果の部分だ。叱ったり褒めたりしたことでその子がどう変わり、どう成長していったのか。復帰後の指導においても、そこにこだわるという信念だけはしっかりと貫いてきたつもりだ。

勉強も野球も取り組む姿勢はまったく一緒 文武両道を目指して「良い習慣」を身に付ける

私は開校当初から、選手たちに学校生活や私生活での意識についてもうるさく言ってきた。それは文武両道の進学校を目指すためでもあるが、そもそも学校生活も私生活も練習も全部つながっていると考えているからだ。

たとえば学校で授業中に寝ていたとすると、それはグラウンドで練習中に一人だけサボっているのと変わらない。場面こそ違うが、その場でやらなきゃいけないことをやらずに逃げているという点で意味合いは一緒だ。目標から目を逸らしていたら、成果は間違いなく得られない。おとぎ話でウサギがカメに負けたのと同じように、よそ見をせずに一歩ずつ進んでいかなければゴールへ到達することはできないのだ。だから、ところどころで周りに流されて気を抜いてしまうような悪い習慣を排除し、良い習慣をつけていこうと。「そうすることで野球も伸びるんだよ」と言ってきた。

また授業態度だけでなく、学校の成績そのものも判断基準になる。だから私は40年以上、各学期が終わるごとに全員の通知表を見ながら1人ずつ面談をしてきた。トータルで3時間くらい掛かるからすごく疲れるのだが、全員と会話してそれぞれの想いを訊く機会にもなるので、退任するまでずっとやり続けた。

通知表では基本的に成績が上がったか下がったかを見る。そして「おぉ、上がっているじゃないか。頑張ってるな」とか「おい、下がっているけど勉強のほうはどうなってるんだ。しっかりやれよ」と声を掛ける。学業成績というのは取り組みがそのまま結果に表れるものだ。勉強すれば確実に良くなるし、基本的に変わらなければ現状維持だし、少し手を抜いていると下がる。頑張ったかどうかというのが非常に分かりやすく、それをグラウンドでの姿勢にも置き換えて話をしていく。目の前のことをいい加減にやっているようではダメ。野球でも勉強でも上手くいかないものに立ち向かっていくことが大事であって、最初から「勉強はいいや」と諦めているようなヤツは野球でもその力を出せないよ、と。

　この面談はいつも寮の応接室で行うのだが、ずっと続けているとコンコンコンッというノックの仕方によってだんだん結果が分かるようにもなってきた。成績が上がった子というのは、やはりノックが力強い。そして入ってきたときの顔つきが違うので、自信を持っているることがすぐに分かる。一方、成績が下がった子はノックが弱い。最初から「絶対に怒られる」「何を言われるんだろうか」と不安を隠せないのだ。そして入ってきたときの挨拶の声も小さい。人間はそういうところでも気持ちが行動に表れる。

　実際に学校の成績と野球のプレーが直結しているかと言うと、その場ではあまり分からない。ただ後になって、成績が伸びた選手に対して「そう言えば最近、プレーも一気に良くなってきたな」と感じることはすごく多い。

　ただし、野球のメンバー選考に関してはあくまでもグラウンドでの結果や取り組みを重視しているので、学業成績は関係ない。練習試合だけでなく、練習でもたとえば1本バッティングや紅白戦などの実戦を行い、そこで結果を残した選手や頑張っている選手を上げていく。メンバーの入れ替え作業は基本的に週明けで、土日の練習試合までの1週間を見て判断。練習試合はABCD…とたくさんチームを作って出場機会を作っているし、練習も1班・2班・3班などと分けながらローテーションで同じメニューを行っており、全員に必ずチャンスを与えているので納得はできると思う。

結果を残した選手の立ち位置が上がっていけばモチベーションも高まるし、それを見た周りの選手も「よし、俺も頑張ればできる」と思えるだろう。もちろんそれでも成果が上がらない選手もいるが、そうやって取り組んだことは先々につながっていく。良い習慣を身に付けた子は心が強く、社会に出ても立派に生きていけるのだ。だからこそ、どんな子に対しても「最後まで諦めるな」と応援する。それぞれが自分との戦いに勝っていくことが大切だと思う。

取り組む姿勢が素晴らしかった選手で言うと、真っ先に思い浮かぶのは1993年夏の2年生エースだった土肥義弘だ。入学時はそこまで意識の高さを感じたわけではないのだが、学校の成績も良く、自分が主戦で投げるようになってからは自覚も芽生えていった。それと親の教育なのだと思うが、寮の食事を一度も残したことがない。出されたものは全部キレイに食べる子だった。そして、1週間の計画として「月曜はオフ。火曜はこれ、水曜はこれ、木曜はこれ、金曜はこれをやって土日の練習試合に投げます」と自分から言って実際に行動できる。全面的に練習内容を選手に任せたのは、おそらく彼が初めてだったと思う。また進学校になってからの選手では、村田賢一なども意識が高かった。もともと成績は良く、大学進学を目指して春日部共栄へ。自分で考えて練習メニューを組み立てられるので、彼にもやはり任せていた。

進学への意識が高まってくると、練習も勉強も真面目に取り組む選手がどんどん増えてきた。これはすごく喜ばしいことだ。寮には個別のボックス席に机と椅子とパソコンを用意した「東大ルーム」を設置しており、2時間という勉強時間が終わってもまだ自主的に勉強する子がいる。野球部からも現役で国立大学に受かる子が出てきたし、東京六大学野球でプレーする選手も送り込むことができた。さらに近年は東大受験者も連続で現れ、あと一歩のところまで迫っている。進路は飛躍的に伸びてきたなと感じている。

そこに高いモチベーションを持っている選手はグラウンドでもしっかり取り組むので、特に言うことはない。野球の実力が足りなかったとしても、練習するしかないことは自分でも分かっているので、こちらもとにかく応援して背中を押してあげるだけだ。

ちなみに、グラウンドでは私が見ているので基本的に全員がしっかりやろうとするものだが、学校生活になると少しごまかすケースがあったりもする。指導者としてはやはり、そういったグラウンドで見せている一面だけに騙されないことが大事だ。たとえば挨拶1

つ取っても、学校の中で私と目が合ったのにもかかわらず「見てないよ」というそぶりをしてスッとその場を離れていく子がいる。この場合は「お前、俺の顔を見たよな?」とハッキリ指摘する。人の顔を見たらパッと寄ってきて挨拶ができる子はやはり気持ちが強い し、見て見ぬフリをしているうちは気持ちが弱く、試合になっても前に出ていけない。私はそういうところに敏感なのだ。そして「怒る」ということはその子が嫌いなのではなく、その子が変わることに「期待している」ということ。今の時代はそもそも怒られたくない子が多いため、最初から逃げようとすることもよくあるのだが、そこにもしっかりと向き合える子にはやはり伸びしろを感じる。

キャンプ実施で野球漬けの思い出も作る 選手が離脱しない〝愛される野球部〟

春日部共栄の野球部を45年間指導してきた中で、昔と今では明らかに違うと感じていることがある。入部した選手が途中で辞めなくなったことだ。

前にも話した通り、開校1年目は100人以上いた入部希望者が1週間で半分になり、最終的には28人になったのだが、2年目以降もやはり辞めていく選手は多かった。そもそも当時、1年生については「辞めさせる練習」からスタートしていた。偏差値が低くて入学しやすい学校だったからこそ、軽い気持ちで入部する選手が多かったのだ。だが土台を作る上では、いい加減な選手が中途半端な気持ちで残ってもらっては困る。だから本当に3年間続ける覚悟があるのかということを試す意味も込めて、とにかく厳しい環境を作っていた。実際、最初の数年はだいたい入部希望者の3分の2は辞めていたという印象がある。

退部者が減ってきたのは結果が伴うようになってからだ。特に1988年秋の県大会初優勝以降は関東大会出場が続き、1990年代の甲子園出場へと流れが上手くつながった。そのあたりから選手たちのモチベーションも高まり、少しずつ辞めなくなっていく。特に勝った次の年などは人気が高く、50人、60人、70人と入部してくることもあった。

そして、偏差値を上げて学校のレベル自体が上がってくると、さらに意識の高い選手が入ってくるようになった。野球が上手いか下手かは関係なく、来る者を拒まずに受け入れていたことも大きい。入ってきた選手を鍛えて甲子園を狙う。全員をフラットに見て、全員が同じ練習メニューを行うようにし、全員が必ず1回は試合用ユニフォームを着て練習試合に出る。甲子園という目標に向かいながらも、まったく野球をせずに3年間が終わってしまうという選手が一人もいないので、みんなが野球を好きな状態のまま卒業してくれているのではないか。

現在は学力のハードルがさらに高くなり、入部希望者自体は毎年30人前後にとどまる。だが、選手を積極的に集めようとはしていない中でこれだけの人数が来てくれるのはすごくありがたい。そして、そのほとんどが辞めない。春日部共栄という学校やチームが好きで、その野球部員であるということをそれぞれが誇りに思ってくれているのであれば私は本望。野球がただ強いだけの学校ではなく、周りから愛され、目指してもらえる学校にしたくてずっと続けてきたのだ。

ただし、これは3年とか5年とか10年くらいではなかなかできない。ありがたいことに「春日部共栄の真似をしたい」と言ってくれる指導者の方々もいるが、間違いなく数十年は掛かる。その学校に骨を埋める覚悟を持ち、なおかつ指導者をずっと続けさせてもらえる状況でなければ難しい。だからこそ、45年間もずっと春日部共栄一筋で指導に携わらせてもらえたことには本当に感謝している。

さて、近年は高校野球界でも坊主頭以外のチームが甲子園で目立った活躍をするようになり、その流れに合わせてなぜか「髪型を自由にするかどうか」という論争が起こっている。しかし、これは今さらの話で、高校野球というのは昔から髪型は自由だ。ただ、それぞれの学校にはそれぞれの事情や考え方がある。

たとえば私も、開校当初は「ウチは坊主頭でいくから」という方針を説明した。なにしろオールバックやリーゼントなどもいた時代。そこで覚悟を決めて坊主頭にしてくる子もいれば、無理だと思ってすぐに辞めていく子もいる。選手たちの本気度を確かめる手段の1つとなっていたわけだ。そして、髪型に毎日神経を使っているようでは野球に集中できないし、選手たちに自由を与えたら何をしでかすか分からない。そんなチーム状況だったからこそ、「髪を切るお金もかからないし、洗うのも楽だろう」と言ってバリカンで頭を刈っていった。

今は昔のように高校が荒れている時代ではないので、高校野球も決して坊主頭を強制しているチームばかりではないだろう。だから、長い髪の毛でやりたいという子はそういうチームに行けばいいし、坊主頭でも気にならないという子はそういうチームに行けばいい。どういう髪型にするのかも自分で判断すればいいと思う。そもそも、坊主頭に抵抗があるから高校野球をしたくないという子は、実際はどれくらいいるのだろうか。もちろんそれなりの数はいるのかもしれないが、それが大多数の意見だとは思えない。SNSやネットニュースなどを通して一部の声が大きく広まっているだけで、子どもたちはそういう周りの雰囲気に流されず、あくまでも自分の判断基準で物事を決めてほしいと思っている。

進学校の色が年々強くなっていったことで私が1つだけ懸念したのは、昔のように強化合宿などがなかなかできなくなったという部分だった。

もちろん勉強は大切なことなので、毎日継続してほしい。ただ、どこかでみんなが集まって野球漬けの日々を過ごし、そこで思い出を残すこともすごく大切ではないだろうか。毎日ひたすら同じ環境で練習を積んでいった場合、もちろん試合に出ている選手であれば大会の思い出がしっかりと残るが、試合に出ていない選手は「野球が好きで3年間とにかく一生懸命やり続けました」というだけになってしまう。社会人になってみんなで集まってお酒を飲んだとき、「あのときはこうだったな」「こんなことがあったな」という具体的な思い出があるからこそ、大きな価値が生まれるのではないか、と。

そんな想いが募って2018年のチームからは毎年、冬休みと春休みの期間にそれぞれキャンプを実施することにした。練習の中身は相当厳しく、その名の通りの〝猛練習〟。とにかく走り込み、ボールを捕り込み、バットを振り込み……。トレーニングもかなりのハードメニューをこなす。そしてポイントは「チーム全員で行くこと」。最終日を締め括る100本ダッシュが終わったときには選手たちがみんなで肩を抱き合って泣いていて、それを見た保護者たちも涙を流す。自然と団結力も生まれてくるし、この光景がすごく良いなと思って私はずっとキャンプを続けてきた。

高校野球がここまで発展してきた一番の要因は、やはり選手たちのひたむきさだと思っている。一生懸命に取り組む姿勢に人々は感動し、そこから生まれる奇跡やドラマに心を打たれるのだろう。

第5章

人材育成

ここ数年で意識してきた後進の育成
33年間ともに歩んだ信頼できる相棒

指導者人生を長く続けていれば当然、引き際を考えるタイミングもたびたび訪れる。ただ、目の前に「春日部共栄で野球がしたい」という想いで入ってきた選手たちがいるのだから、あまり先のことは考えすぎるのは良くないとも思った。そして「できる限りはずっと続けよう」と。幸い60歳の定年を迎えてからも再雇用で契約していただき、さらに途中からは嘱託職員として監督業に専念できる環境を作ってもらえていたので、「70歳まで指導したい」とか「できれば50年続けたい」といった意欲も湧いてきた。

しかしながら、現実的にはどこかで次世代にバトンタッチをしなければならない。それをハッキリと意識するようになったのは、先述した2019年の謹慎期間中のことだ。

結果的には夏の大会前から復帰したが、さまざまな自問自答があった。私は当時61歳。そこから長く続けられるとは限らないし、もしかしたら急展開で辞めざるを得なくなることもあるかもしれない。復帰後からは自分がいなくなった後のチームのことも真剣に考え、後進の育成にも気を配るようになった。

後任としてすぐ頭に浮かんだのは、部長を務めていた植竹幸一だ。私の教え子であり、大学卒業後の1992年4月に教員として春日部共栄へ帰ってきた。そこから2025年3月まで丸33年、野球部長としてずっと私を支えてくれた。

2019年のセンバツでは私の代わりに采配を振ったが、1回戦で大敗。そのときには「もう監督はやりたくない」と漏らしていた。部長としては甲子園を経験していたが、立場が変わるだけでまったくプレッシャーが違うということを身に染みて感じたのだろう。だからこそ、私は「俺の次はお前なんだからな」と声を掛けていろいろな話をし、練習中も要所でアドバイスを挟んだ。

基本的には私のやり方を近くで見てきたわけだから、自分なりに何かを感じ取ってくれればそれでいい。ただ、たとえば選手が普段と違う動きをしていたら「この選手は今こうなっているぞ」と言いながら見るべきポイントを教えたり、選手の体調の変化を感じたときには「アイツ、ちょっと体の調子が悪そうだぞ。そういうことを分かってあげられる指導者になれよ」と伝えたり。あるいは「1人の選手を育てるときには1週間ずっと教え込むことも大事だけど、1週間ずっと黙って見守ることも大事だ。また選手一人ひとりに目を向けて育てることも必要だけど、チーム全体を見渡すことも必要だぞ」。そうやって、チームや選手をどういう視点で捉えていけば良いのか、という部分は特にしっかりと伝えてきた。

人間的な魅力も十分だ。

春日部市に隣接する越谷市の出身で、中学時代は控えの内野手。6期生として1985年に入学した。最初はスローイングが弱く、ショートゴロを処理しても一塁までワンバウンドで投げるしかなかったのだが、卒業する頃には遠投120メートルの強肩ショートへと成長した。また足は速かったが、バッティングではバットに振られているような感じで、かなり細くて小柄。しかし3年時には一番打者となり、6割ほどの打率を残し、盗塁もアウトになった記憶がない。練習でもいっさい手を抜くことがなく、とにかく一生懸命。春日部共栄のチーム史上、一番伸びた選手かもしれない。もともと体力がなくて、帰宅時には最寄り駅で電車を降りた瞬間に限界を迎えてパタッと倒れ、親が車で迎えに行く。そんなことが何度もあったらしい。ただ、それでも絶対に練習は休まない。そういう選手だった。

卒業後の進路として当初は「就職します」と言っていたが、私が「いやいや、就職はそんなに慌てて決めることないから、まずは進学を考えなさい」と促して日体大へ。気概があって、なぜだか「母校へ送りたいな」と思った。そこから教員志望となって帰ってくるわけだが、植竹が大学を卒業する直前、こちらも私の日体大の後輩で当時野球部長を務めていた山本真史（元・滝川第二高校野球部監督）が急遽、地元・兵庫の滝川二高へ行って指導することになった。つまり、野球部長の役職がちょうど空いたのだ。しかも山本は植竹の高校時代の担任で、教え子へバトンを渡す形。大卒1年目ではさすがに負担が大きいと思い、実は他の教員にも声を掛けたのだが、手が挙がらずにそのまま植竹が野球部長となった。

1年目は春と秋の県大会でともに1回戦敗退を喫し、「監督の足を引っ張るな」などと批判を浴びる。2年目の1993年夏に甲子園準優勝となって心無い声は止んだが、当時はまだ23歳。出場校中最も若い野球部長として臨み、甲子園の大会期間中にはストレスで8キロ痩せていた。

そういう苦労を重ねながらも、私と一緒にチームをずっと近くで見守ってきたのだ。そして、何か1つ言ったら2つ3つ先のことをやってくれる最高の部長でもあった。実は私がどれだけ「後任は植竹」と推しても最終的には理事長が決めることなのだが、学園側も意見は同じ。2025年4月1日付で監督就任。無事にバトンを渡すことができて良かったと思っている。

後任になることが正式に決まってから、私は彼に「俺のことはまったく気にするな。自分なりの〝植竹カラー〟を作ってどんどん出していけ」と言ってきた。基本的には私が45年間もやってきたわけだから、もちろんそう簡単に〝本多カラー〟は消えないだろう。ただチームの監督は植竹なのだから、私の真似をしたりはせず、あくまでも自分の考え方でやれば良いと思う。

予感としては、選手起用や戦術に関しては私よりも決断が早いような気がしている。

私と植竹は試合中のベンチではいつも近くにいて、「この場面はこうだ」「この選手はこういうときにこうなるんだ」という話をずっとしてきた。ここ数年に関しては2人で横に並び、私が「おい、ここはどうする？」と問い掛けたりもしていた。すると、植竹からは「スクイズで行きましょう」などとすばやく返ってくる。私はどちらかと言うと「コイツは普段から頑張ってるんだよなぁ……。賭けてみるか」などと考えた結果、ギリギリまで悩んでしまうタイプだったが、彼はその良し悪しを全部見てきたわけで、スパッと決めてその判断を信じることができるのではないか。

その一方で、私と似た部分も持っている。

２０１９年春のセンバツから帰ってきた後、植竹は県大会と関東大会でも指揮を執っているが、浦和実業との県大会決勝ではこんな采配があったという。６対６で迎えた９回裏、無死二塁から打席の石﨑聖太郎に対して初球バントのサインを出したが、相手がバントシフトを敷いてきたので見送った。ここで石﨑がベンチを見ながらフッと笑う。それを見て作戦をヒッティングに切り替え、右中間へのサヨナラタイムリーヒットで優勝。私もよく選手の表情を見ながら「おっ、自信がありそうだな」などと判断していたから、そのあたりはしっかりと通じているのかもしれない。

ともかく、部長としては33年のキャリアがあるが監督としては新米だから、謙虚にひたむきにやってもらえればいい。そして、植竹を支えるスタッフもみな私の教え子だ。新部長の増田剛は１９９７年に春夏連続で甲子園出場したときのサード。コーチの永田貴之は独立リーグでもプレーし、同じくコーチの関谷将貴は２０１４年夏の甲子園で１年生ながらベンチに入っている。それぞれ積んできた経験を生かし、選手たちとしっかり向き合いながら今後も頑張ってくれるのではないかと期待している。

2025年4月1日からは33年もの間、部長として支えてくれた植竹に春日部共栄高校野球部の監督をバトンタッチする。写真は2019年センバツ１回戦（高松商業戦）で謹慎中の著者の代わりに指揮を執った当時の植竹（中央）

選手一人ひとりに目を向けて得たもの将来の指導者には教育者であってほしい

野球が上手いとか下手とか、レギュラーだとか補欠だとかに関係なく、私はこれまで必ず全員に目を向けてきた。そして、一人ひとりに合った指導というものを考えてきた。

私たちの場合は文武両道を目指して高いモチベーションで入ってくる子も多いが、その中でも気持ちが弱い子もいれば、野球が上手くない子もいる。私はそんな彼らを見ながら「こういう部分がお前のダメなところだな」「遠慮しなくていいからもうちょっと声出してやったらどうだ」「お前を見ているとあんまり楽しそうに見えないぞ」などと声を掛け、選手たちに刺激を与えていた。どうやら今の子たちは、監督から声を掛けられると「ちゃんと見てもらえている」と感じて嬉しいようだ。やはり「見ていないようでちゃんと見ているんだよ」という姿勢を示すことも大切だと思う。

また、選手一人ひとりの細かいところにまで目を配るようにしていると、だんだん調子の良し悪しが分かるようになってくる。いつもと少しだけ動きが違うとか、表情がいつもよりちょっと暗めだとか、そういうものを感じて「お前、今日体調悪いだろう」と訊くとまさにその通りだったりするのだ。特に肩やヒジの痛みに関してはこちらから早めに察知してあげて、休ませていくことが大事。昔などは「少々痛くてもやれ」という時代だったと思うが、今はそんなことを言っていられない。選手は指導者が何を訊いても「大丈夫です」と言うものなので、大人がハッキリと判断したほうが良い。特に投手が「違和感が……」などと言おうものなら絶対に投げさせない。もしかしたらそれがただの筋肉痛という可能性もあるが、どこから来た違和感なのかは分からないので、そこを曖昧にしながら投げさせるのはリスクが高い。

それと私がチーム作りにおいて一番嫌いなのは、レギュラーと補欠の気持ちが離れていくことだった。だから全員に対してチャンスを与え、全員に対して同じように怒る。試合に出ているから、あるいはベンチに入っているから偉いわけではなく、ベンチ外の選手がレギュラー選手に何も意見を言えないというのはおかしい。「チームなんだからどんどん言わなきゃダメだ」ということを徹底した。新チーム結成後は秋の大会が終わると約4か月間、全員バッティング、全員ノック、全員紅白戦を行ってきた。そうやってみんなで同じことをしながら競い合っていくと、一緒に戦った仲間としてだんだん言い合えるようになっていく。

さらに、そこでの競争には敗れてしまったとしても、自分がやるだけやってチャンスをつかめなかったというだけだから納得できる。さらにベンチ入りメンバーになれなかった子たちに対し、私はよくこう言ってきた。

「高校ではレギュラーになれなかったかもしれない。でも社会に出たらそれぞれの場所でエースになれるし、四番バッターになれる。だから今の時点での結果がどうこうっていうのは関係ないんだよ」

たとえば将来結婚して子どもが生まれ、その子が野球を始めたとする。そして少年野球チームに顔を出して「野球をやっていたんですよね。手伝ってください」と言われたとき、「いや、僕は補欠だったから何も教えられないんです」となるようでは、高校3年間ずっとやってきた意味がないと思っている。レギュラーだろうと補欠だろうと大事なものはしっかりと理解して、全員がちゃんと野球を教えられるようにしてあげること。それがすごく大事だと思う。

そんな想いで指導してきたことが良かったのか、たとえば今でも地元で草野球をしていたり大会のときに応援に駆け付けてくれたりと、多くの教え子が野球への情熱を持ってくれている。また、彼らからよく聞くのは「仕事でどこへ行っても『春日部共栄の出身です』

と言うと『おーっ』と言ってくれる。多くの人が知ってくれていることがすごくありがたい」という話。そういう学校にするのが目標だったし、何よりも卒業生が春日部共栄出身であることに誇りを持ってくれていることが嬉しい。

それと驚いているのは、高校卒業後に大学へ進み、そこから指導者になっている教え子がすごく多いということだ。中学校で軟式野球部の顧問になっているケースなどはよくある。石を投げたら誰かに当たるくらい、本当にたくさんいるのだ。しかも高校時代にはレギュラーではなく、補欠だったことが多い。そういう子たちがしっかりと私の想いを受け継いでくれているというのがすごく喜ばしい。特別扱いをしないという私のやり方をちゃんと見てくれていたのだなと思うし、試合に出られない選手の気持ちが分かるからこそ、人間教育として良い指導ができるのではないだろうか。

そもそも私が埼玉県に来たとき、中学軟式の先生方と交流をしていく中で感じたのは、野球の経験者が指導していることが少ないということだった。そんな状況を見て、「いずれは自分の教え子が指導者になって中学生を教えられるようになればいいな」という夢を描いたものだ。だからと言って、積極的にそういう子を育てようとしたわけではない。私の柱はとにかく野球を通した人間形成。そこにこだわっていたら、結果的に「将来は指導者になりたい」という子がどんどん増えていった。

教え子が指導しているチームが活躍するというのは、純粋に嬉しい。決して何か見返りがあるわけではなく、私に気を遣って春日部共栄に選手を送り込まなければならないということもまったくない。実際、たとえば教え子が監督を務めていて中学軟式で全国大会出場を果たしたというケースもあるが、そのチームから選手は1人も来なかったりしている。それでも私が勧誘することはないし、選手を送るのも送らないのも自由。とにかくいい考え方の指導者の下でいい野球をして、いい子が育ってくれればいいなという想いが一番だ。打算的にやっていたら物事は結局上手くいかないと思うし、とにかくその子どもたちが幸せになれればそれでいい。

指導者になった教え子たちもその辺はよく分かってくれていると思う。私が彼らに必ず言ってきたのは「野球だけじゃダメ。勉強もちゃんとやらせてバランスの良い人間を作っていくんだぞ」。監督である前に教師であり、教育者であることが大事なのだと。そして子どもたちを「教え育てる」という情熱と、子どもたちに「教え育ててもらっている」という謙虚さを持つことが必要。そこをしっかりと伝えてきた。

選手のおかげで育ててもらえた指導力
思い出深いプロ選手14人のエピソード

私が指導してきた45年間で、春日部共栄からは14人がプロ野球選手になっている。彼らに対しても、やかましく言ってきたのはやはり人間性の部分だ。

2人はまだ現役でプレーしているが、残る12人のうち10人が引退後に在籍した球団で仕事に携わってきた。そんなことを考えると、決して間違いではなかったのかなと思える。野球が上手いだけではダメ。プロの世界に行ったからと言って偉くはないのだから偉ぶるな。人を大事にしながら一生懸命やることが大事だ。人間は1人では生きていけないのだから、社会に出たときに周りに対して気持ちよく「ありがとう」と言えるようでなければいけない……。そう言い続けてきた。

結局、いずれは野球を辞めるときが来るわけで、技術だけでは限界がある。ましてプロ入りというのは限られた選手しかできないもの。2~3年でクビになることも多い。その先で社会人としてどう生きていくかということのほうが大事であり、だから私は基本的に「大学へ進学しなさい」という方針。高卒でのプロ入りはあまり勧めておらず、実際にも

14人中4人しかいない。

彼らのことを振り返っても、やはり私は選手に育ててもらっているのだなと実感する。たとえば「これはすごく良い素材だな」という選手と出会ったら、私は「これだけの子をプロへ行かせられないようでは指導者として失格だな」と自分に言い聞かせてきた。そして、その選手を育てようと試行錯誤。その経験が次に生きていった。特に私は現役時代が野手なので、投手の感覚というのは自分では分からない。そんな中で9人の投手がプロ入り。彼らの成長過程を見ながら私も学び、次の世代の投手たちにはやはりその経験を伝えていった。一人ひとりに対してアプローチをしていきながら、指導の引き出しが1つずつ増えていく。いろいろな選手がいることによって、私は指導力を育ててもらってきたのだ。

選手をプロに入れることは決して大きな目的ではないが、プロ入りするだけの素材を持った選手と出会えたことも私にとっては財産だ。選手の能力を感じる部分としては、基本的には肩と足。さらに野手の場合は守備の動きと、バットがしっかり振れるかどうか。投手の場合は投げ方やボールの回転などを見てポテンシャルを感じていた。

また、プロ入りした選手の他にも大学や社会人など卒業後の世界で活躍した選手は多くいたが、私は素質のある選手だからと言って特別なことをさせていたわけではない。取り組んでいたのは基礎作り。結局、能力が高くて中学時代には騒がれていたけど思うように伸びないという子もいれば、どこかで何かきっかけをつかんで一気に伸びてしまう子もいるわけで、正解はない。だからそれぞれがいろいろなやり方で道を進んでいけばいいと思っているし、そのための土台だけは高校時代にしっかりと作ってあげることが大切ではないかと。ただし、教える側の幅が狭いと教わる側の選択肢も狭くなり、その選手にピタッとハマるものがなかなか見つからずに終わってしまう。したがって、指導者はいろいろな導き方や練習方法を知り、懐を深くしておく必要がある。

こちらが練習を完全に任せられるほど自立していた選手は少ないが、第4章でも触れた通り、プロ入りした14人の中でも土肥義弘（西武―横浜―西武）と村田賢一（ソフトバンク）は取り組む姿勢がずば抜けていた。どちらも勉強ができて理解力も高い。土肥は社会人野球のプリンスホテルを経てプロ入りしたが、投球での体の使い方やトレーニングの仕方などにも興味を持って突き詰めていた。村田は体つきこそガッシリとしているが、コントロールとクレバーな投球術も持ち味。何に対しても真面目に情熱を持って取り組むタイプで、明治大学へ進んでさらに大きく伸びたと思う。人間的にも周りから高く評価されていた。

思い入れは選手一人ひとりにある。

春日部共栄から初めてプロ入りしたのは、2期生の平塚克洋（大洋―オリックス―阪神―西武）だった。エースで四番を任せたのだが、バッティングは私の教え子では歴代ナンバーワン。高知高校で同期だった杉村繁と比べても上なんじゃないかと思えるくらい、衝撃を受ける選手だった。「校庭で練習するようなチームにこれだけの逸材がよく来たな」と思ったが、1期生にたまたま中学時代の先輩がいたのが縁。高校時代にもプロのスカウトが来たものの、当時は自信なく明治大へ。投打二刀流だったが社会人の朝日生命で打者一本に専念し、ここで覚醒してプロ入りした。

同じ打者では榎淵聡（ヤクルト）も能力は高かった。こちらは肩と足も備えているタイプで、もともと「プロへ行きたい」と言っていたのだが明治大、日立製作所を経由した。勉強ができて性格も良く、高校と大学ではいずれもキャプテン。また大学と社会人で日本代表に選ばれており、すごく良い経験を積んでいった子だと思う。

その1つ上でキャプテンだったのが内野手の城石憲之（日本ハム―ヤクルト）。彼は野球が大好きで、全体練習が終わると必ず自主練でティーバッティングをしていた。練習相手は決まって後輩の榎淵。気が合っていたのかは分からないが、その後はヤクルトで再びチームメイトになっているから縁というのは面白い。城石は高校卒業後、青山学院大学へ進学して野球をする予定だった。だが練習に行って1週間ほどですぐに辞め、約2年間、ガソリンスタンドでアルバイトをしながら就職浪人。野球を嫌いになって辞めたわけではないので本人とお父さんを家に呼び、その先どうするのかと徹夜で話し合ったことをよく覚えている。21歳のときに入団テストで合格してドラフト指名で日本ハム入団。現役引退後はコーチとなり、２０２３年のＷＢＣでは内野守備・走塁兼作戦コーチとして世界一に貢献した。夢を諦めず、今なお野球界で活躍しているから本当に良かった。

捕手で唯一プロ入りしたのは鶴岡賢二郎（横浜）だ。入学時から同世代の中では力が飛び抜けていて、「2年後は鶴岡のチームになるな」と感じていた。逆に彼がキャプテンとしてしっかりしなければ絶対にダメだと思っていたので、私はかなりキツく当たった。投手によって態度を変える傾向があったため、3年夏の直前には「お前じゃ甲子園に行けない」と叱り飛ばして泣かせている。最終的には県決勝の大逆転劇で甲子園に出場して高校日本代表入り。そして日体大から独立リーグを経験し、プロ入りして現在は昨年日本一になったチームのコーチを務めるまでに成長した。

そんな鶴岡とともに２００５年夏の甲子園に出た斉藤彰吾（西武）は当時1年生。基本的に1年生をレギュラーで使うことなどないのだが、彼は1年春からバッティングで力を発揮していた。つかみどころのない部分はあったものの、両親が警察官でものすごく真面目。野手では唯一、高校卒業後にすぐプロ入りしており、高卒で現役を長く続けるのは難しいと言われる中で12年のキャリアを積んだ。

と、ここまで野手5人のエピソードを紹介したが、春日部共栄はなぜか投手のプロ入りが多かった。

投手で初めてプロ入りしたのは、小林宏之（ロッテ―阪神―西武）だ。私は彼が中2のときに一度試合を観ているのだが、投げ方や投げているボールを見てすぐに「コイツはすごい。プロに行く素材だ」と感じた。その後、春日部共栄を志望していると聞いたが、彼が中3になったときには私も夏の甲子園決勝を戦ったり高校日本代表コーチとしてヨーロッパ遠征に行ったりしていて、すっかり忘れていた。帰国後に「そうだ、小林はどうなったのかな」と思っていると、どうやら他の高校の誘いをすべて断るつもりで、家庭教師をつけて勉強しているとのこと。そして無事に入学してエースとなり、卒業後にプロ入りして75勝を挙げた。

素材では中里篤史（中日―巨人）が一番だったと思う。中学時代の投球は見たこともなく、当初は進学を考えて春日部共栄へ。入学時は180センチ60キロくらいで細くて折れてしまいそうな体だった。ただ、肩まわりが柔らかくてヒジの使い方が抜群。ストレートはとにかくスピンが掛かり、ベース付近での伸びがすごかった。だから「体だけ作れば十分だな」と思い、練習も基本的には任せて、本人には「変化球は気にするな。ストレートだけで三振を取れる投手にするから」と。1年秋には130キロくらいだった球速が3年時には146キロまで上がり、2000年ドラフトで1位指名。結局はケガに泣いたが、プロの打者が分かっていても打てなかったストレートはすごいボールだった。

そこからは「もうドラ1は出ないだろうな」と思っていたのだが、何と中村勝（日本ハム）が2009年にドラフト1位指名を受ける。実家は学校から自転車で10分ほどのところにあり、本当に地元の子。中学時代はショートも守っていたが高校では投手に専念させた。ストレートは決して速くなかったがまだまだ伸びしろがあり、カーブやスライダーなどの変化球が良い味を出していた。

これら高卒プロの3投手はいずれも細身でスケールの大きさを感じさせる長身右腕。ただ一方で、苦労を重ねながらプロ入りの夢を叶えた投手もいる。

たとえば、土肥と同学年で2番手投手だった本柳和也（オリックス）。城西大学でも社会人の日本通運でも2番手で、身長170センチ程度と小柄だったが、相手打者に対して〝ちぎっては投げちぎっては投げ〟というタイプだった。1球投げたら前へ出ていき、キャッチャーからの返球をバーンと捕っていくような気迫もある。もともとはヤンチャで生活面の指導も多く、私は実は3回「辞めろ」と言っている。その3度目となった2年秋に「転校します」と言ってきたので、「そうか、じゃあ転校しろ」。そうすると公式戦に1年間出場できなくなることを彼は知らなかったようで、後になってそれに気付き、慌てて私の家まで謝りに来た。そこから態度を改め、自宅からの通い組でありながら寮入りを志願。1つのきっかけによってどんどん伸びていった。

同じく小柄だったのが168センチ左腕の古川祐樹（巨人）。中学軟式の先生が「打撃投手ならできると思うんですが……」と言って連れてきたくらいで、決して能力が高い投手ではなかった。2年秋に背番号1を着けながらケガで登板できず、チームは東部地区予選敗退。すると彼は全員の前で土下座して謝った。そこからの練習量はハンパじゃなく、冬を越えてからは先発した試合ではとにかく完投。「ここが少し痛い」などという言葉は一度も使わなかった。進学した明治大でもよく練習していたそうだ。

大竹秀義（巨人）も苦労が絶えなかった。鶴岡の1つ下で2年夏に県大会優勝も、途中でヒジを痛めて甲子園では登板できず。國學院大学へ進んだが中退して独立リーグを渡り歩き、27歳でプロ入りした。キャリアの中では右ヒジ手術を2度経験。実は高校時代、同学年に中学で全国実績を持っている投手がいたため、「野手に転向したい」と言ってきたことがある。そのときは「投手としてはお前のほうが良いし、もったいないから続けろよ。お前のバッティングは大したことないぞ」。また、最初はいわゆる〝アーム投げ〟だったが、意識するとバランスが崩れると思ったため指摘せず、ネットスローで本人が気付かないように少しずつ修正。思い出深い投手の1人だ。

現役では村田ともう1人、右腕の大道温貴（広島）がいる。教え子から預かった選手で中学時代は捕手。ヒジの使い方と回転数の鋭さを見て投手に挑戦させ、とにかく焦らず土台作りに励んだ。その後、八戸学院大学で大きく成長して2020年ドラフトでプロ入り。一軍での登板機会もあり、彼がマウンドで投げている姿は大きな励みになっている。

埼玉県の高校野球の発展のためにともに切磋琢磨してきた仲間たち

春夏連続で初めての甲子園出場を果たした翌1992年、私は埼玉県高校野球連盟の役員となった。過去、甲子園出場監督で役員を務めた人は誰もいなかったという。また2000年代に入ると、副理事長も8年間務めた。これも私立校の監督が就任したのは初めてのこと。仕事としては当時の田中信理事長の補佐で、さまざまな部署を取りまとめていくため、役員のとき以上にチームを離れる機会は増える。ただ田中さんが理事長に選出された際、推薦者全員が私を副理事長に指名したとのことだったので、ありがたく引き受けた。

本来、高校野球の監督であれば自分の学校のチーム作りに集中したいところかもしれない。だが甲子園出場を目指して必死に戦い、それが達成できたとき、それまでお世話になってきた埼玉県に何かをお返ししていきたいという想いが自然と生まれてきた。春日部共栄さえ良ければそれでいいのではなく、埼玉県の高校野球が全体的に発展していくことが大切じゃないかと思ったのだ。

そして実際に役員や副理事長をやってみると、それまで見えていなかったことも見えてきた。

埼玉県の高校野球で私立校が初めて甲子園に出たのは1985年（春の秀明高校）。それまでは上尾や熊谷商業といった公立校が断然強く、人気も公立校が全盛だった。役員になってみて分かったのは、高野連にいるのはほとんどが公立校の先生だということ。また、たとえばトーナメントの会場の決め方なども知らなかったのだが、実際に試合を運営するためには役員が不可欠なので、シード校うんぬんよりもまず役員がいる学校を優先して考えていく。当然、役員の大半が公立校の人なので、どうしても公立校びいきの運営だと見られてしまう。当時は公立と私立の関係性にどこか少しぎこちなさがあったような気もするが、そういう事情を踏まえればみんな理解できるし、全員で一丸となって盛り上げていける。だからこそ垣根をなくしていこうと思い、仕事にしっかりと向き合って積極的に意見も述べていった。

また埼玉県は東西南北の4地区に分かれていて、各地区にそれぞれのカラーがある。私たちがいる東部地区はわりとファミリー感があったが、当時はあまりレベルが高くなかった。そんなとき、中学軟式の大会では終わった後に食事会をしていると訊いたので、そこに高校野球の監督を入れてほしいと提案した。そうすることで中学の先生方が高校の指導者の方針などを知ることができ、東部地区の子どもたちをそのまま東部地区の学校へ送ってくれるようになるのではないかと。

それを各地で広めていくと、東部地区から春日部共栄に続いて公立の越谷西や鷲宮も甲子園出場。埼玉の野球を変えてやろうなどと思っていたわけではないが、「もっと良くしていきたい」という想いはずっと持ち続けてきたのだ。さらに2004年に行われた埼玉国体の運営に携わったり、あるいは「甲子園出場監督がやるケースは全国的にもないだろう」と思って自ら手を挙げ、開会式の入場行進で先導役を務めたり。とにかく貴重な経験をいろいろ積ませていただいた。

副理事長を退任すると、今度は2010年に埼玉県の高校野球監督会が発足し、私は初代会長となった。監督会は各チームの監督同士が交流し、新しく関係性を築ける貴重な場だ。私はそのときに「連盟と連携すれば現場側と運営側の認識を擦り合わせることができる」とも考え、監督会の総会には高野連の会長や理事長にも来てもらうようにした。さらに東西南北の各地区から1人ずつ代表を出して毎年4人による「甲子園研修」を行い、レポートをまとめて総会のときに発表するという企画も立ち上げた。私は会長を4年間務めて次へとバトンタッチしたが、今も続くこの監督会によって埼玉県の高校野球が活気づいているのは間違いないと思う。

振り返れば、開校当初は周りが敵か味方かも分からず、練習試合や公式戦では「高知へ帰れ！」と罵声も浴びながら、知らない土地で必死に戦っていた。緊張感もあったし、もしかしたら新設の私立校ということで壁を作られていたのかもしれない。練習試合の打診はことごとく断られたが、「今に見ていろよ。いずれそっちから電話を掛けさせてやるからな」。逆境が私の心に火を点けるガソリンとなっていた。

1つ印象的だったのは、1984年に浦和学院の監督となった名将・野本喜一郎さん（元・西鉄ほか、1986年に逝去）がすぐ練習試合に来てくれたこと。それまでは上尾の監督を務めており、いくらお願いしても練習試合は受けてもらえなかった。周囲から後日談として訊いたところによると、上尾には上尾なりの事情があったそうで、野本さんは「共栄はいずれ絶対に強くなるから練習試合をしたかった」と言っていたそうだ。

甲子園初出場あたりからは、練習試合の相手は自然と埋まるようになった。ただ、だからと言って偉ぶることはなく、どんなチームであっても電話を掛けてきてくれた相手には誠意を持って対応し、スケジュールが空いていれば組む。その姿勢はずっと貫いてきた。

そうしているうちに仲間がどんどん増えていく。大会で戦うときは敵かもしれないが、それ以外の場面ではいろいろな話をしてお互いに高め合えばいい。私はそう考えてきた。そして、勝っているチームに対してただ「羨ましいな」と僻むのではなく、どんどん懐に入っていき、少しでも盗めるものは盗んで吸収する。そうやって、それぞれが自分たちのスタイルを作っていけばいいのだと。

年下の監督がだんだん増えていく中で、私は来る者を拒まずに大事なことを伝えていった。少しでもその監督の参考になれば、今度はそのチームの選手にそれが伝わっていく。どのチームの選手だろうと、子どもたちが幸せになればそれでいいと思ってきた。

特に1991年秋から2021年夏まで浦和学院を率いた森士とは、よくお酒を飲みながらいろいろな話をした。2001年から現在まで花咲徳栄の監督を務めている岩井隆には、同じ東部地区のチームということもあり、よく試合をしては「はい、監督呼び出し！」といって事あるごとに指導した。彼らはともに「春日部共栄を目標にしていた」とも言ってくれているが、私も彼らが甲子園優勝を果たした姿を見て大きな刺激を受けたし、試合後には心から「おめでとう！」と連絡を入れた。聖望学園でセンバツ準優勝をしている岡本幹成（現・東日本国際大学助監督）も含め、「私学4強」の監督4人で集まる企画などもよくあった。腹の探り合いなどもいっさいなく、みんなで一緒に盛り上げていったという感覚のほうが強いのだ。

その一方で、1998年夏の滑川（現・滑川総合）以来ずっと途絶えている「公立校の甲子園出場」があれば、埼玉県はもっと活気づく。だから私立校の監督でありながら、公立校を応援してきた。どんなチームだろうと分け隔てなく接し、何か力になれることがあれば協力する。その想いはずっと大事にしていきたい。

退任決定から新体制にバトンタッチへ 監督として充実していた〝最後の1年〟

数年前、学校との話し合いの中で去就の話題になった。

再雇用が65歳までなので、基本的にはそこで辞めればキリが良い。ただ、もう少しだけ時間の猶予がほしかった。

私としては部長の植竹をはじめ、他のスタッフにしっかりと引き継いで準備を整えておきたい。そして何よりも、発表のタイミングが重要だと思っていた。私が辞めることを知らずに選手たちが春日部共栄を志望し、入学を決めたら急に私の退任が決まったということになると、混乱を招く恐れもある。それだとチームにも学校にも迷惑をかけてしまうので、選手たちにあらかじめ退任の意向を伝えておいて、そこから少し時間を掛けながら新体制へスムーズにバトンを渡していくという形を取りたかったのだ。そんな事情も踏まえ、結果的には予定を2年延ばして67歳の年――2025年3月末に退任するということになった。

最後まで無事に完走することができて本当に良かったと思う。

45年間の中では、体調との戦いもあった。30歳を過ぎたあたりから痛風になり、医者からは「激しい運動はするな」「汗をかくな」「体にストレスを掛けるな」と言われてきた。だが、高校野球の監督には無理な注文。痛い想いは何度もしてきたが、体力と気力でカバーした。そうこうしているうちに、今度は高血圧に見舞われた。整形外科に行ったとき、たまたま診察まで時間があったので血圧を測ったところ、上が220、下が180。何となく頭がボーッとしており、その場で内科クリニックを紹介された。そこから血圧を下げる薬、そして痛風対策で尿酸値を下げる薬もしっかり飲むようになり、何とか体調は安定した。

またかなり最近の話だが、2023年3月には急に息苦しくなり、病院へ行くと即入院。

肺に水が溜まり、心臓を圧迫して機能が低下しているとのことで3週間静養した。8月の検査で完治を告げられるも、安心して薬を飲まずにいると年明けにまた急に苦しくなり、救急車を呼んで2度目の入院。医者からはメチャクチャ怒られた。それから1年後、今年1月の検査では「この年齢でこの回復力は見たことがない」と褒められたが、監督として〝最後の1年〟を生き生きと過ごせたことが大きかったのかもしれない。

退任時期が正式に決まった後も、しばらくは「選手たちに知られないように」と隠しながら指導にあたっていた。だが2023年秋に県大会1回戦で敗れ、いよいよ残り1年。選手たちには早めに伝え、お互いに分かった上で大会に臨むほうがいいと思った。そして2024年3月上旬、私は選手と保護者に翌年3月末限りで監督を退任する旨を伝える。夏の大会直前では選手たちが気負ってしまうし、「監督のために」という雰囲気になるのも嫌だった。また春の大会直前でも同じ。主役はあくまでも選手なので、大会よりも少し前に言うのが良いのではないかと。さらに3月下旬には四国遠征を控えていたため、ちょうど良い発奮材料にもなった。春は県大会ベスト4。もどかしい戦いが続いていたここ数年の悪い流れを吹き飛ばすかのように、勢いよく勝ち上がっていった。

そして〝最後の夏〟もいつもと変わらず、「明るく、楽しく、元気よく」をモットーに戦った。

結果は県ベスト4と残念ながら甲子園には届かなかったが、選手たちの戦いぶりは立派だったと思う。特に準々決勝の浦和学院戦では2対1の8回裏に3失点で逆転を許し、残る攻撃は9回表のみ。普段ならそのまま流されてゲームセットになるところだが、一気に4点を奪って再逆転し、6対5で勝利した。何があっても絶対に諦めない。そんな意地を見ることができた。

新チームを迎え、私にとって〝最後の大会〟となった秋も県ベスト4。関東大会出場が懸かった西武台との準決勝では3対1とリードしたが、9回表に3失点で逆転負け。あと一歩のところで甲子園出場の可能性は断たれた。ただ、私は「最後の1年はとにかく楽しもう」と思っていたし、本当に充実した1年を過ごすことができたので、悔いはまったくない。ここで出た反省は選手それぞれがしっかりと胸に刻み、前向きな気持ちで次へ進んでくれればそれで良いと思っている。

２０２４年11月上旬。植竹監督、増田部長という翌春からの新体制を発表した。私はグラウンドに足を運びながらも1歩引いて見守るスタンスへ移行。すでに次の監督と部長が決まっているのだから、選手のためにもスタッフのためにも早めに切り替えてあげたほうが良いだろう。そして2025年3月31日、私は無事にバトンを渡すことができた。新監督も新部長もコーチ陣も私が見込んでいる教え子たちなので、何も心配はしていない。私が45年間やった後だから当然やりづらさはあるだろうし、結果が出ても出なくても、周りからいろいろ言われることがあるだろう。だが、そんなことはいっさい気にせず、周りの声に左右されず、自分たちでしっかりと考えてやってもらえれば良い。

ここから先、春日部共栄はいったいどんなチームになっていくのだろうか。私はそれを楽しみにしながら、毎日を過ごしていきたいと思っている。

監督退任を決めて臨んだ45年目ラストシーズンも、悔いなく戦い抜くことができた著者。
今後は新体制のチームを見守っていく

おわりに

本書を通して45年間の指導者人生を改めて振り返ってきたが、やれることはすべてやってきたので、私の中で後悔はまったくない。

甲子園出場を果たしながら進学実績も高め、埼玉県内では「文武両道の進学校」として知られるようになった。野球にも勉強にも高いモチベーションを持って入学してくる子はかなり多くなったし、卒業生が胸を張って「春日部共栄出身」と言えるようにもなり、開校当初から目指してきた学校やチームの形をイメージ通りに実現できている。そして、約１６００人もの教え子がいるというのは何よりも自慢。一人ひとりと向き合ってきた経験は財産であり、彼らがそれぞれ社会で活躍していってくれれば本望だ。

私の今後の方向性については、退任したばかりなのでまだ定まっているわけではない。ただ、監督を降りたからと言って春日部共栄との関係性が薄れるわけではない。

新体制でやりやすいようにするためにも、基本的には少し離れたところから見守っているほうが良いと思う。とは言え、新監督も新部長もコーチもみな教え子だし、2、3年生も教え子なので、ときどきはグラウンドを訪れて様子を見ていきたい。何か悩みを抱えているようであれば、相談に乗ってアドバイスもできればと思っている。

すごく嬉しかったのは、今後の関わり方について植竹たちスタッフと話し合ったとき、「我々にとっては一生〝監督〟なので、どんな肩書きになろうと関係ないです」と言ってくれたこと。これには思わず涙が出そうになった。いずれにしても〝本多監督〟で45年間続いた春日部共栄の色が少なからず残るのは仕方ないとして、これからはどんどん〝植竹監督〟という個性を出し、新しい春日部共栄へとバージョンアップしていってほしい。その様子はぜひ見届けていきたい。

それとやはり、これまでお世話になってきたことに対する恩返しはしっかりとしていきたい。

まずは埼玉県の野球だ。

本編でも触れたように、高校野球では久しぶりの「公立校の甲子園出場」があれば県内がワーッと盛り上がるだろうし、中学生の進路状況も変わって各チームがどんどん活性化していくと思う。現在は私立校が全盛の時代になっているが、公立校にも良い指導者がたくさんいる。彼らに何か伝えられることがあれば伝えていきたいし、公立校をあちこち回って指導のサポートをしていくのも良いのではないかと考えている。それと現在はクラブチーム化の流れになっている中学校の軟式野球。道徳的に考えても部活動というのはすごく大事だと感じてきたので、やはり教育者が選手をしっかり育てていくシステムにしなければならないと思う。そのための応援もしていきたい。さらに、地元の小学生へ向けた野球教室などにも協力していくつもりだ。

そして、故郷への恩返しもしっかりと考えている。

実は2024年より、私は自分の田舎でもある高知県幡多郡黒潮町の親善大使になっている。そもそも、私が野球を始めたのは高知高校監督の岡本道雄先生と南海ホークスの富田勝さんとの出会いがきっかけであり、ちょうど黒潮町で南海が春季キャンプを始めたタイミングだったので、当時小学生だった私は実際に球場へ見学に行った。その大方球場も老朽化し、利用者がいなくなってどんどん廃れ、私は正月に帰省してその横を通るたびに寂しい想いをしていた。ところがあるとき、そこでグラウンド整備をしている人を見つける。話し掛けるとその人は町議会議員で、中村高校（高知）が1977年センバツで準優勝したときのメンバーだという。そして、大方球場の復活を目指しているのだと。私も何とか協力したいと思い、チームを連れてキャンプをすることに決めた。そこから春日部共栄の高知キャンプが始まり、町長がグラウンドに来てくれて、施設も少しずつ新しくなるなど活気づいていった。その後、町長から親善大使の打診があり、とりあえず3年間ということで快く引き受けさせていただいたわけだ。

あと忘れてはならないのは、家族への感謝だろう。

妻と出会った時点で私はすでに春日部共栄の監督として動いていたので、2人で遊びに出掛けたのは1度しかない。結婚して翌年にはもう長女が生まれて子育てのほうが忙しくなり、妻はそのまま娘2人を育ててくれた。さらに1993年に寮ができたときは私が頭を下げ、数年間、選手たちの賄いをお願いしている。基本的には甲子園出場時の応援が家族旅行の代わり。あとは、修学旅行に行けなかった1991年世代が「野球部だけ後から行っていい」ということでハワイへ行ったのだが、私がそこに家族も連れていった、というくらいだ。ただ、もともと名門バレーボール部のキャプテンとして鍛えられていたこともあるのだろうが、妻はとにかくタフだった。私が選手たちをスパルタ指導で鍛えていた時代に、妻は「お父さん、まだ甘いよ」と言っていたのだ。昨年は娘に子どもが生まれ、私にとっては初孫。とにかく可愛くて仕方がないのだが、家族にも恩返しをしていきたいと考えている。

やはり「人のために何かをしたい」という想いがあるので、今後はそうやってさまざまなところで何かをお返しするような人生になるのではないか。人間というのは、何も目標がなければ早くに年老いて朽ち果てていくものだと思う。だからこそ、これからもそのときそのときで目標を立てて、目の前のことに全力で取り組んでいく。そこはずっと変えずに生きていこうと思っている。

本多利治

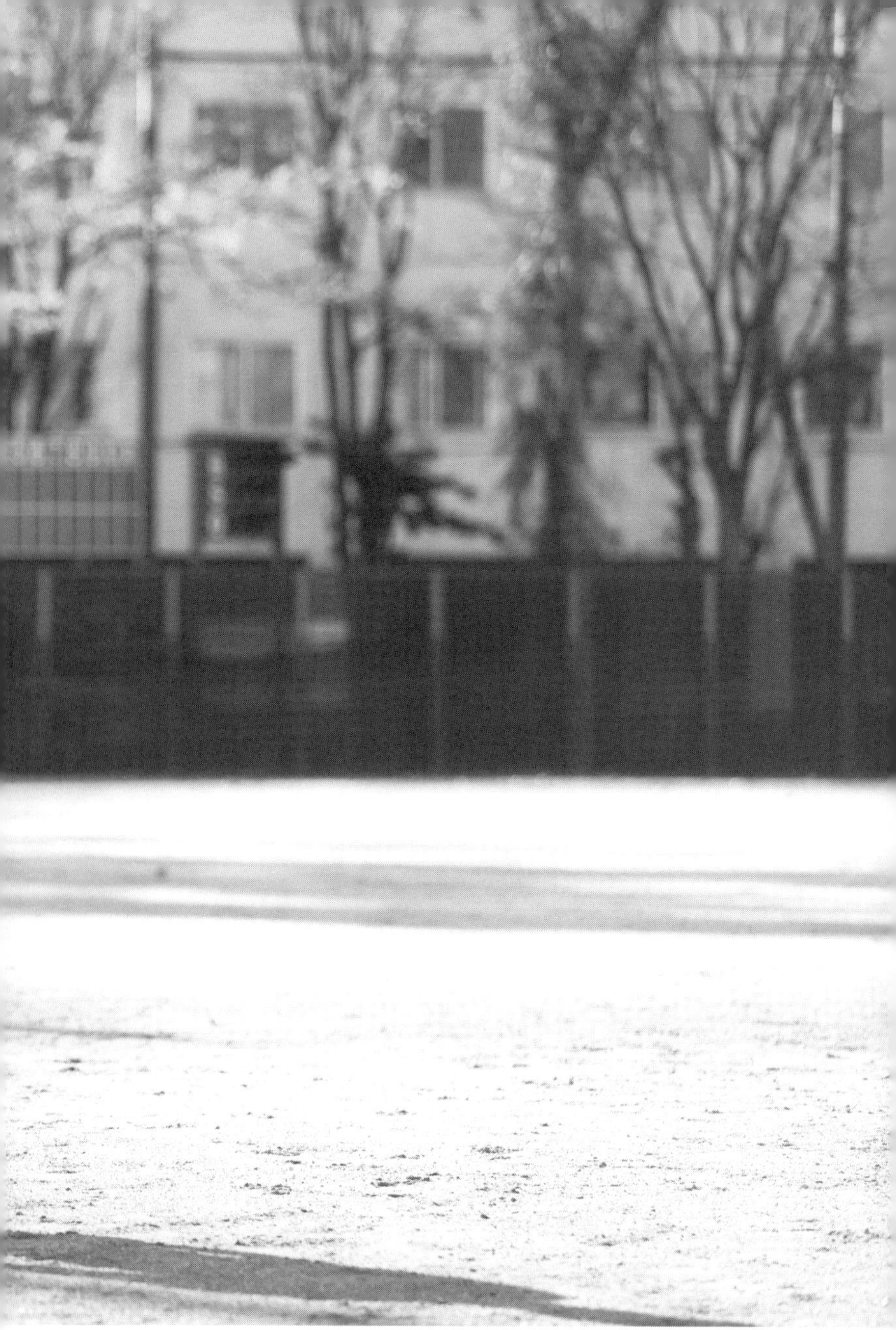

45年分の思いが詰まったグラウンドの外野フェンス際から選手たちに温かい視線を送る著者

春日部共栄高校 甲子園成績

10勝8敗（春3勝3敗、夏7勝5敗）

本多利治監督　10勝7敗（春3勝2敗、夏7勝5敗）

1991年春	1回戦	○ 10-3	尽誠学園（香川）
	2回戦	● 2-4	広陵（広島）
1991年夏	1回戦	● 2-3	佐賀学園（佐賀）
1993年夏	2回戦	○ 12-0	近江兄弟社（滋賀）
	3回戦	○ 3-2	日大山形（山形）
	準々決勝	○ 11-4	徳島商（徳島）
	準決勝	○ 5-3	常総学院（茨城）
	決勝	● 2-3	育英（兵庫）
1997年春	1回戦	○ 8-1	城北（熊本）
	2回戦	○ 8-1	函館大有斗（北海道）
	準々決勝	● 2-4	中京大中京（愛知）
1997年夏	1回戦	○ 5-2	比叡山（滋賀）
	2回戦	○ 2-0	函館大有斗（北海道）
	3回戦	● 4-7	浦添商（沖縄）
2005年夏	1回戦	● 7-9	大阪桐蔭（大阪）
2014年夏	1回戦	○ 5-1	龍谷大平安（京都）
	2回戦	● 1-10	敦賀気比（福井）

植竹幸一監督　0勝1敗（春0勝1敗）

2019年春	1回戦	● 0-8	高松商（香川）

春日部共栄高校野球部出身のプロ野球選手

平塚克洋　2期生
（元阪神ほか／外野手）

城石憲之　10期生
（元ヤクルトほか／内野手）

橿渕 聡　11期生
（元ヤクルト／外野手）

土肥義弘　13期生
（元西武ほか／投手）

本柳和也　13期生
（元オリックス／投手）

小林宏之　15期生
（元ロッテほか／投手）

中里篤史　19期生
（元中日ほか／投手）

古川祐樹　22期生
（元巨人／投手）

鶴岡賢二郎　24期生
（元DeNA／捕手）

大竹秀義　25期生
（元巨人／投手）

斉藤彰吾　26期生
（元西武／外野手）

中村 勝　28期生
（元日本ハム／投手）

大道温貴　35期生
（広島／投手）

村田賢一　38期生
（ソフトバンク／投手）

著者

本多利治

（ほんだ・としはる）

1957年（昭32）9月30日生まれ、高知県中村市（現・四万十市）出身。高知高で3度甲子園に出場し、3年時には主将を務め同春に全国優勝。日体大へ進学し、野球部主将を務めた。80年の春日部共栄高校の創立とともに、22歳で同校野球部の監督就任。春夏合計7度、甲子園に出場し、93年夏は準Vを成し遂げた。プロ野球（NPB）へ送り出した教え子は14人を数える。2025年3月31日限りで監督を退いた。

一心不乱《いっしんふらん》

埼玉《さいたま》を変《か》えた闘将《とうしょう》の45年間《ねんかん》

2025年3月31日　第1版第1刷発行

著者　本多利治《ほんだとしはる》
発行人　池田哲雄
発行所　株式会社ベースボール・マガジン社
〒103-8482
東京都中央区日本橋浜町2-61-9 TIE浜町ビル
電話　03-5643-3930（販売部）03-5643-3885（出版部）
振替口座 00180-6-46620
https://www.bbm-japan.com/

印刷・製本 共同印刷株式会社

Printed in Japan
ISBN 978-4-583-11753-9　C0075